Discontinuità e persistenze

Poteri, spazi e soggetti della contemporaneità

IUSTITIAM COLIMUS

Carmelo Nigro

Discontinuità e persistenze

Poteri, spazi e soggetti della contemporaneità

Giappichelli

VIA PO, 21 - TEL. 011-81.53.111

http://www.giappichelli.it

ISBN/EAN 978-88-921-2209-3
ISBN/EAN 978-88-921-6130-6 (ebook - pdf)

Volume pubblicato con il contributo dell'Università degli Studi di Salerno, fondi PRIN anno 2022 dal titolo "Exploring Resilience: Vulnerability, Social Security, Political Inclusion. Promoting a Sustainable Transition based on Local Practices and Governance", Responsabile scientifico il Prof. Antonio Tucci".

G. Giappichelli Editore

Questo libro è stato stampato su carta certificata, riciclabile al 100%

Stampa: Stampatre s.r.l. - Torino

Non si dà vita vera se non nella falsa
Franco Fortini

They go on. They leave Omelas, they walk ahead
into the darkness, and they do not come back.
The place they go towards is a place even less
imaginable to most of us than the city of happiness.
I cannot describe it at all. It is possible that it does not exist.
But they seem to know where they are going,
the ones who walk away from Omelas.
Ursula K. Le Guin

Indice

pag.

Introduzione 1

Capitolo Primo

Poteri

1. Il richiamo del fuori 13
2. Modelli della sovranità 30
3. Nuovi equilibri internazionali 40
4. Il disvelamento del conflitto 48

Capitolo Secondo

Spazi

1. Confini e sovranità: il significato dei nuovi muri 63
2. Il globale come assemblaggio post-nazionale 72
3. Dramatis personae 84
4. Il prisma della norma: legge, corpi, spazi 88
5. Esclusioni o confinamenti? 102

Capitolo Terzo

Soggetti

1. L'homo oeconomicus nell'eccezione neoliberale 109
2. Ossessionati dalla sovranità? 118

pag.

3. Abitanti delle sovranità graduate 126
4. Fare il reale con il possibile 136

Bibliografia 149

Indice dei nomi 161

Introduzione

L'era dell'«antropocene»[1] – o del «capitalocene» come forse più propriamente propone Jason Moore[2] – ci ha abituato da tempo alla luminosa rincorsa della meraviglia, alla colonizzazione, alla trasformazione e all'addomesticamento degli spazi in cui si sviluppa e si consuma l'esistenza dell'essere umano. Insieme al pianeta, al cosmo prossimo e agli spazi infinitesimali della fisica quantistica, è soprattutto lo stesso corpo umano a diventare modificabile, adattabile, *customizzabile*.

La tecnologia sembra decisa a realizzare il sogno antico che la *techné* ha sempre perseguito – alimentando l'appetito apparentemente infinito di controllo e potenza – cioè quello di sollevare l'umanità dalle proprie fatiche.

L'umanità può oggi molto, e soprattutto ogni giorno molto di

[1] Sul concetto di antropocene cfr. P.J. Crutzen, *Benvenuti nell'antropocene*, tr. it. a cura di A. Parlangeli, Mondadori, Milano 2005; C. Hamilton, *Define the Anthropocene in terms of the whole Earth*, in «Nature», 536 (251), 2016: https://www.nature.com/articles/536251a; D. Haraway, *Chtulucene. Sopravvivere su un pianeta infetto*, tr. it. a cura di C. Durastanti, C. Ciccioni, Nero, Roma 2019.

[2] Con la nozione di «capitalocene» Moore propone di spostare l'attenzione dalla relazione fra tecnologia e natura a quella fra rapporti di produzione e natura. Problematizzando l'idea, implicita nel concetto di antropocene, dell'umanità come soggetto molare e unitariamente responsabile del cambiamento climatico, Moore tenta anche di superare il dualismo, di matrice cartesiana, fra uomo e natura; cfr. J.W. Moore, *Antropocene o Capitalocene? Scenari di ecologia-mondo nell'era della crisi planetaria*, tr. it. a cura di A. Barbero, E. Leonardi, Ombre Corte, Verona 2017; E. Leonardi, *The Anthropocene as a Regime of Visibility*, in «The Ecological Turn», 5, 2022, pp. 32-55; E. Leonardi, *Pour une critique politique de l'Anthropocène*, in «Contretemps», 2 febbraio 2022: https://www.contretemps.eu/critique-politique-anthropocene-justice-climatique-pandemie/.

più. Eppure, la potenza di ciò di cui l'umanità è capace sembra scontrarsi con la sua impotenza nel cessare i propri comportamenti più distruttivi.

Il 7 Ottobre 2023 un attacco senza precedenti di Hamas ha prodotto diverse vittime fra civili e soldati israeliani. La risposta israeliana, che non si è fatta attendere, ha a sua volta provocato un numero di vittime palestinesi ancora maggiore nelle prime ore, per poi trasformarsi nelle settimane successive in un'operazione di terra devastante per gli abitanti della striscia di Gaza, già martoriati da anni di condizioni di vita insostenibili in quella che è stata definita da *Human Rights Watch* «una prigione a cielo aperto» [3]. Ovviamente, il riacutizzarsi del conflitto ha travolto anni di faticosi negoziati di pace, riaddensando ulteriormente l'ombra dei bombardamenti sulle esistenze di quell'angolo di Medioriente e sulla stabilità dell'intero pianeta.

Il 19 Settembre 2023 le rivendicazioni dell'Azerbaigian sui territori armeni del Nagorno-Karabakh sono sfociate nell'ennesimo conflitto armato nella regione.

L'estate del 2023 è stata caratterizzata da colpi di Stato in tutta l'Africa Sub-sahariana.

Il 12 Febbraio 2022, lo scoppio della guerra Russo-Ucraina per il controllo degli *Oblast* ucraini di *Lugansk* e *Donetsk* ha riportato la guerra anche nel cuore dell'Europa [4]. Quest'ultima a sua volta, preda dell'avanzata delle destre populiste, si percepisce e si rappresenta sempre più come una fortezza [5] assediata dai flussi migratori, in un rafforzamento costante dei confini interni ed esterni che produce marginalizzazioni, repressioni e discriminazioni, la cui violenza stride sonoramente con l'auto-narrazione universalista di patria luminosa dei diritti.

[3] HRW, *Gaza: Israel's 'Open-Air Prison' at 15*, https://www. hrw.org/news/2022/06/14/gaza-israels-open-air-prison-15.

[4] ISPI, *Speciale Russia-Ucraina: 10 mappe per capire il conflitto*: https://www.ispionline.it/it/pubblicazione/speciale-russia-ucraina-10-mappe-capire-il-conflitto-33483.0

[5] F. Ferri, *L'Europa è una fortezza?*, in «EuroNomade»: http://www.euronomade.info/?p=7242.

Nel 1973 Ursula K. Le Guin pubblicò un breve racconto – uno 'psicomito' come lo definisce lei stessa nell'introduzione – dal titolo *The Ones Who Walk Away from Omelas*[6].

Omelas è una città inesistente, una sorta di utopia atemporale, descritta con toni favolistici. Più che le opere di Thomas More[7] o di Tommaso Campanella[8], il racconto riecheggia vagamente il mitico paese del *Presbyter Iohannes*. Proprio il tono fiabesco consente all'autrice di legare, senza troppe spiegazioni, la perfetta esistenza della città ad un'unica, immotivata ma crudelissima ingiustizia. Gli abitanti ne sono consapevoli, anzi l'osservazione del crudele stato di abbrutimento al quale è costretta la sua unica vittima rappresenta una sorta di rito di iniziazione, al quale sottoporsi è obbligatorio per ogni generazione di cittadini. Incapaci di rinunciare all'utopia, la maggior parte di essi sceglie di ignorarne il lato oscuro, e di convivere con esso senza metterlo in discussione. Pochi altri invece decidono di abbandonare la città e allontanarsi, certi di poter trovare una forma di convivenza altra, che non si fondi su alcuna ingiustizia o esclusione, neppure minima.

Nel 2018, in occasione della morte di Le Guin, Margaret Atwood raccontò del suo primo incontro con lei in un breve articolo. Quando le chiese dove andassero coloro che si allontanano da *Omelas*, scrive Atwood, l'autrice cambiò subito argomento: era una domanda troppo difficile![9]

[6] U.K. Le Guin, *The Ones Who Walk Away from Omelas*, HarperCollins, Sidney 1975.

[7] T. More, *Utopia*, tr. it. a cura di L. Firpo, Guida, Napoli 2000.

[8] T. Campanella, *La città del sole*, Feltrinelli, Milano 2014.

[9] L'espressione inglese usata da Atwood è «*tricky question*», che potrebbe essere tradotto come 'domanda trabocchetto' o, meglio, come 'questione insidiosa'; insomma un quesito la cui difficoltà non risiede tanto nella complessità dell'argomento, quanto nella facilità, o nella certezza, che qualsiasi risposta si riveli una trappola, un meccanismo in cui logica e buon senso rimangono invischiati nel proprio contrario. M. Atwood, *We Lost Ursula Le Guin When We Needed Her Most*, in Id., *Burning questions: essays and occasional pieces, 2004 to 2021*, Doubleday, New York 2022.

Forse l'autrice non aveva mai avuto una risposta a questa domanda, proprio perché lo stesso atto di allontanarsi e di errare delle figure del suo racconto rappresenta una risposta. Piuttosto che cadere nella trappola delle 'ricette per il futuro', sembrano voler dire coloro che si allontanano da *Omelas*, è meglio farsi carico dell'incertezza del possibile; errare nella ricerca, piuttosto che illudersi di poter conservare la perfezione.

Forse, alcuni di loro hanno compreso che un'utopia basata sull'esclusione non è una vera utopia e che una perfezione che richieda sacrifici ineguali ha molto poco di perfetto. Forse intuiscono che *Omelas* semplicemente non esiste davvero, e che per raggiungerla è necessario allontanarsi, rimanere in marcia; che l'ordine luminoso e stabile del benessere è destinato a crollare, se non riesce a farsi carico delle lunghe ombre che inevitabilmente proietta.

Di certo non esistono più territori in cui sia possibile, fisicamente o moralmente, allontanarsi abbastanza per sottrarsi al disordine generato dalle sperequazioni e dai conflitti sottaciuti all'ordine apparente.

There is No Planet B, come ripetono da qualche anno gli attivisti del clima. E ciò vale per tutte le questioni che la razionalità neoliberale e l'identitarismo moderno hanno lasciato in sospeso, e che mostrano ancora una volta le ombre lunghe delle catastrofi possibili e attuali. Come ha scritto Hannah Arendt:

> «se la conoscenza (nel senso moderno di know how, di competenza tecnica) si separasse irreparabilmente dal pensiero, allora diventeremmo esseri senza speranza, schiavi non tanto delle nostre macchine quanto della nostra competenza, creature prive di pensiero alla mercé di ogni dispositivo tecnicamente possibile, per quanto micidiale» [10].

Non bisogna dunque farsi accecare dalla luminosità del progresso tecnico-scientifico e dalle certezze del '*know how*', ma abban-

[10] H. Arendt, *Vita Activa. La condizione umana*, tr. it. a cura di S. Finzi, Bompiani, Milano 1994, p. 3.

donando per un istante tanto il linguaggio pastorale delle *expertise* quanto quello della legittimità molare delle ontologie della trascendenza, osservare la marcia del progresso dall'altro lato e, scrutando il volto oscuro del presente, illuminare i discorsi di verità in modo obliquo, per osservare i giochi d'ombra che esse producono.

Partendo da tali dubbi, questo volume vuole essere innanzi tutto uno sguardo sulle ombre di un mondo in trasformazione; il tentativo di scostare il sipario delle rappresentazioni controverse e contraddittorie degli anni di questa crepuscolare modernità, per intravederne il dietro le quinte, costituito da quel complesso di spazi, dinamiche e soggetti che rischiano, per motivi e con risultati diversi, di rimanere nel cono d'ombra osceno dell'indicibile e dell'invisibile. In altri termini, questo libro vuole essere un tentativo di gettare lo sguardo oltre le apparenze della norma, sull'insieme di pratiche eterogenee, molecolari, immanenti e spesso asimmetriche che permettono il funzionamento di tale apparenza.

Un'epoca di transizione e di trasformazione non può che sollevare dubbi e domande sul grado di separazione e sull'entità e il carattere delle differenze che la separano, e insieme la legano, all'equilibrio che l'ha preceduta.

Cosa rimane dei confini nazionali, del soggetto moderno, della legittimità sovrana, e come queste categorie si inseriscono all'interno del *frame* neoliberale e dello spazio globalizzato contemporaneo, tanto aperto quanto instabile? In altri termini, quali sono i punti di discontinuità e le linee di permanenza che uniscono e separano la narrazione della modernità al quadro che stiamo vivendo?

Tenendo l'attenzione sulla prassi, muovendosi costantemente con essa per inquadrarne le forme nel loro mutare, sarà forse possibile cogliere almeno in parte le ambivalenze di una realtà in trasformazione e i dispositivi concreti con cui il potere oggi si manifesta: da un lato l'affermarsi ubiquo e sottile di una normalizzazione governamentale basata su discorsi di verità biopolitici e bioeconomici, sorretta da concetti quali efficacia, efficienza, *fitness*, competizione; dall'altro la persistenza di una normatività fondata sulla dimensione deontica del potere legittimo, che si sostanzia nel permanere e nell'esplodere dell'uso della forza. Nel mezzo, il complesso di esclusioni, gerarchizzazioni, disuguaglianze che vengono prodotte dall'intersezione e dal regime di compatibilità dei paradigmi governamentale e sovrano, ma anche la capacità creativa di queste di risoggettivarsi costantemente, tra i margini mobili della 'norma'.

Per questo la relazione tra discontinuità e permanenza, esplicitata dal titolo di questo volume, non si riferisce solamente al legame fra due periodi temporali limitrofi e fra di loro tangenti. Essa rinvia anche all'insieme di fratture che percorrono il sociale su diversi piani e ad ogni latitudine. Interrogando le ambivalenze della società contemporanea, l'obiettivo è quello di restituire visibilità al nucleo polemico (e dunque politico), che si cela dietro la scena, reggendone l'apparenza. Discontinuità, in altri termini, va intesa anche come la ineliminabile conflittualità che caratterizza il vivere in comune, e accanto ad essa la persistenza è la necessità di ridiscutere e ritrovare continuamente le forme della sua espressione.

Questa relazione storicamente instabile verrà interrogata a partire da tre categorie centrali nel pensiero politico moderno, non a caso profondamente ridiscusse dalle trasformazioni in atto: potere, spazi, soggetti.

Il percorso prenderà ad oggetto di volta in volta ciascuno di questi elementi, osservando le loro discontinuità e persistenze rispetto alla tradizione moderna, per restituire almeno in parte la complessità su cui l'immagine egemonica della *governance* globale si regge.

Pensato dalla modernità nelle forme trascendenti e artificialistiche della sovranità legittima, il potere è, oggi più che mai, difficilmente riducibile al ritratto del Leviatano. Distribuito in maniera ubiqua e incarnato da diverse forme, il potere si è rivelato una relazione produttiva molto più che un oggetto di appropriazione. Non che la sovranità e con essa il ruolo centrale della statualità vengano meno. Ma accanto a tali elementi, tutta una serie di entità, soggetti, *agency*, mostrano la propria capacità di incidere, da direzioni e in modi differenti, sugli equilibri complessivi, tanto pubblici che privati.

Lo scenario all'interno del quale si muove tale pluralità ne è, di conseguenza, profondamente influenzato. Se il soggetto univoco della modernità si riferiva ad una spazialità a sua volta pensata come molare, precisa, giuridicamente ben definita, alle soggettivazioni plurime della contemporaneità non può non corrispondere una spazialità molto più centripeta e disomogenea. Se da un lato questa ridefinizione topologica crea nuovi legami e interdipendenze (l'informazione digitale e il mercato rappresentano due esempi consolidati, mentre la crisi pandemica può essere letta come un caso tutt'altro che previsto), dall'altro genera divisioni e fratture altrettanto inedite. La rete di città globali mostrata da Saskia Sassen è solo un esempio di come la dimensione locale abbia in parte ridotto la propria dipendenza dall'appartenenza nazionale, contribuendo a costituire nuovi assemblaggi [11].

Tuttavia, secondo altre letture, la stessa moltiplicazione degli spazi della *governance* non elimina affatto l'influenza dei confini statuali, la quale, viene anzi integrata all'interno della logica governamentale. Dunque il modello delle società del controllo non esautora il dispositivo sovrano, né quello disciplinare, anzi: sovranità, disciplina e governamentalità si tengono e si sovrappongono nelle forme mutevoli della biopolitica, adeguate e funzionalizzate all'estrazione di valore dalla vita. Le rigide esclusioni del moderno si fanno selettive, agendo in tempi e spazi frammentati, che in parte si sovrappongono e in parte esondano dalle rigide categorie statuali. Queste ultime a propria volta si ripresentano attraverso la messa in scena teicopolitica dei muri e della richiesta di rafforzamento dei confini spaziali e identitari, inserendosi funzionalmente nella logica governamentale della presa differenziale sui corpi e della loro messa a valore.

È a partire da questo quadro frammentato e mobile che si tenterà infine di delineare il passaggio dalla preminenza del (doppio) soggetto molare – proprio della costruzione moderna – alla pluralizzazione delle soggettivazioni in atto nell'instabile paradigma contemporaneo.

Se la narrazione moderna poteva ancora schierare al centro della scena l'univocità e la solidità di due protagonisti coerenti, lo stato

[11] S. Sassen, *Le città nell'economia globale*, tr. it. a cura di N. Negro, il Mulino, Bologna 2010.

nazione da un lato e il suddito/cittadino dall'altro, oggi i soggetti che abitano le sovranità graduate, tanto al centro quanto ai margini della scena, tendono a perdere la determinatezza delle proprie identità.

Legati fra loro da un patto che di volta in volta identificava e garantiva un insieme determinato e diacronicamente crescente di diritti (civili, politici e infine sociali nella nota tripartizione di Marshall) [12], all'interno del paradigma sovrano Stato e cittadino sono caratterizzati da una identità formale e universale, garantita dal legame, individuato a partire dall'età westfaliana, tra territorialità nazionale e autorità formale sovrana: rigidi confini spaziali, normativi e categoriali determinano e gerarchizzano ruoli e appartenenze all'interno di un ordine statale organizzato da un'autorità legittima e trascendente, a sua volta inserito in un ordine pubblico internazionale, prodotto dall'interazione, dall'accordo e dallo scontro formalizzato fra entità statuali.

Tuttavia, questo modello sembra oscurare la relazione che fin dai primi secoli della modernità lega potere e sapere. Secondo un autore come Michel Foucault, tale approccio trascura quei modi di agire tramite discorsi di verità che già a partire dal XVIII secolo si vanno sviluppando e affiancando al dispositivo sovrano: le discipline e la sicurezza. Ma proprio il dispositivo securitario, nell'incarnazione del paradigma della *governance neoliberale*, sembra oggi rappresentare la cornice entro cui agiscono diverse forme e pratiche di potere.

Tale paradigma ha negli scorsi decenni accelerato una spinta centrifuga rispetto alla molarità statuale. Da un lato, tale accelerazione ha generato un interessante polimorfismo di valori, visioni del mondo e forme di vita, liberando quelle energie che hanno contribuito e contribuiscono alla ridiscussione radicale dei più profondi presupposti del vivere comune. Dall'altro, tale carica liberogena si lega ovviamente – insieme come causa e risultato – ad una crescente individualizzazione, ma anche ad un aumento consequenziale dell'incertezza individuale e collettiva.

[12] T.H. Marshall, *Citizenship and social class, and other essays*, Cambridge University Press, Cambridge 1950.

Le promesse di uno sviluppo senza limiti e di una libertà individuale, sottratta allo sguardo normativo e disciplinare del sovrano, celano insomma l'ombra lunga della società del controllo. Il dispositivo liberogeno del capitalismo moderno produce nuovi vincoli, nuove sottomissioni, forme nuove di normatività e di presa governamentale sui corpi e sui desideri di individui e popolazioni. Come ha efficacemente sintetizzato Deleuze:

> «[...] nella situazione attuale, il capitalismo non è più orientato alla produzione, che spesso relega nelle periferie del terzo mondo, persino nelle forme di produzione complesse come il tessile, il metallurgico o il petrolifero. È un capitalismo di iperproduzione. Non compra più materie prime né vende più prodotti finiti: compra prodotti finiti o assembla pezzi staccati. Vuole vendere servizi e vuole comprare azioni. Non è più un capitalismo per la produzione, ma per il prodotto, cioè per la vendita o per il mercato. Pertanto è essenzialmente dispersivo, e la fabbrica ha ceduto il posto all'impresa» [13].

L'impresa, nel sistema governamentale, coincide con l'individuo stesso, chiamato costantemente ad adeguarsi ad una figura, quella dell'*homo oeconomicus*, che ne costituisce la griglia di valutazione immanente. Ancora con Deleuze:

> «Molti giovani pretendono stranamente di essere "motivati", richiedono stage e formazione permanente; sta a loro scoprire di che cosa diverranno servi, così come i loro antenati hanno scoperto, non senza dolore, la finalità delle discipline. Le spire di un serpente sono ancora più complicate del sistema di tunnel di una talpa» [14].

La promessa di libertà dell'*homo oeconomicus* dunque, chiamato alla responsabilità delle proprie scelte in quanto 'imprenditore di

[13] G. Deleuze, *Poscritto sulle società del controllo*, in Id., *Pourparler*, tr. it. a cura di S. Verdicchio, Quodlibet, Macerata 2000, pp. 238-239.

[14] *Ivi*, p. 241.

sé stesso', libero da vincoli ma anche spogliato delle tutele, cela la minaccia di nuove forme di omologazione e di sottomissione, più difficili da contrastare – o addirittura da individuare – in quanto immanenti alla stessa libertà degli individui, le cui scelte 'autonome' sono guidate e suggerite da un complesso di discorsi di verità normalizzanti, in vista di una propria 'salvezza' che coincide con il potenziamento della *fitness*. È il modello pastorale, così ben descritto da Michel Foucault, in grado di dirigere la popolazione a partire dalla libertà dei corpi, di 'prendersi cura' *omnes et singulatim*, in maniera incrementale e produttiva [15].

La sovranità si riscopre, come scrive Aihwa Ong con espressione apparentemente paradossale – graduata. Intrecciando i due aspetti di eccezione sovrana e goveramentalità biopolitica, Ong svela la molteplicità delle forme che il sistema neoliberale produce, utilizzando tecniche di potere apparentemente divergenti. Negli spazi della contemporaneità, definiti dal «neoliberalismo come eccezione» e dalle «eccezioni al neoliberalismo», la norma sovrana e la normalità del biopotere si intrecciano, per garantire la valorizzazione del capitale. Così, l'eccezione diventa uno «straordinario dispositivo politico sviluppato tanto per includere quanto per escludere» [16]. In questo modo, l'autrice coglie, accanto all'effetto di designazione/decisione dei soggetti escludibili dal *bios* e relegati nell'indistinzione della nuda vita – proprio dell'eccezione sovrana – un aspetto «positivo» e produttivo dell'eccezione: essa può decidere di «includere popolazioni e spazi specifici quali obiettivi di scelte programmatiche orientate al valore associate alle riforme neoliberali», moltiplicando in questo modo gli *status* sociali, economici e politici, insistendo sulle linee di frattura etniche, razziali e culturali che attraversano le realtà nazionali e regionali, polverizzando l'astratta *silhouette* del cittadino moderno, titolare di diritti universali.

[15] Cfr. M. Foucault, *Nascita della Biopolitica. Corso al Collège de France (1978-1979)*, tr. it. a cura di M. Bertani, V. Zini, Feltrinelli, Milano 2015.

[16] A. Ong, *Neoliberalismo come eccezione. Cittadinanza e sovranità in mutazione*, tr. it. a cura di M. Spanò, Volo, Firenze-Lucca 2013, p. 33.

La sovranità in questo quadro persiste, spesso in tutta la propria potenza repressiva, ma arretra rispetto al proprio ruolo di terzo trascendente. Essa si fa appunto «graduata». Si piega cioè ad una:

> «[...] amministrazione flessibile [...] dal momento che i governi modellano lo spazio politico in funzione dei diktat del capitale globale, concedendo alle aziende un potere indiretto sulle condizioni politiche dei cittadini in zone che sono differentemente articolate rispetto alla produzione globale e ai circuiti finanziari. [...] In breve, la sovranità graduata è un effetto prodotto dagli Stati, che passano dalla condizione di amministratori di un'entità nazionale 'a tenuta stagna' a regolatori di spazi e popolazioni diverse collegate con i mercati globali»[17].

L'insieme di tali dinamiche sembra per altri versi generare forme di incertezza e insicurezza individuali e collettive, che a loro volta si manifestano in rivendicazioni identitarie e impulsi securitari, spesso di matrice xenofoba o populista. Come si vede dunque, soggettività e spazialità sono strettamente interrelati all'interno della complessa dinamica contemporanea. Sarà proprio tale complessa interrelazione che la trattazione di insieme cercherà di restituire.

Seguendo tale prospettiva in maniera più radicale, è forse possibile ripensare poteri, spazi e soggetti, smarcandoli dalla loro aderenza ad un modello definito da confini rigidi, per inserirli in una cornice politica che trovi nel confronto costante con la discontinuità, il conflitto e la trasformazione il motore della propria informazione organizzativa; per restituirli, in altri termini, alla creazione autonoma dell'*agency* e alla loro relazione costante con le forze e l'ambiente da cui emergono.

In questo senso si muove ad esempio il concetto di *organisational ecology* proposto da Rodrigo Nunes, che partendo dal superamento della netta contrapposizione fra verticalismo e orizzontalismo nell'analisi delle *agency* politiche, propone di osservare l'in-

[17] A. Ong, *Neoliberalismo come eccezione*, cit., p. 112.

terrelarsi di movimenti, organizzazioni e attori del cambiamento, non attraverso la lente rigida dell'identità, ma come una costellazione di elementi fra loro eterogenei, le cui azioni interagiscono costantemente in vari modi e su diverse scale, modificando lo sfondo di possibilità da cui emergono le loro individuazioni.

Allontanandosi tanto dalle concentrazioni di potere gerarchizzanti – spinte da pulsioni identitarie e omologanti – quanto dal sogno di una perfetta ma politicamente entropica orizzontalità, tale prospettiva propone di abbracciare l'imperfezione come condizione necessaria e non contingente. Ciò, nelle parole dell'autore:

> «[…] can no doubt serve as an excuse for cynical fatalism or shiftless pragmatism. It is, however, an essential prerequisite for both a sober appraisal of one's practice and clarity regarding one's goals» [18].

Si tratta insomma di aprire al possibile, facendosi carico di un molteplice inevitabilmente conflittuale, conferendogli una forma che, tenendo aperto l'orizzonte alle voci del cambiamento, delle soggettivazioni che si costituiscono nelle pratiche di rivendicazione di diritti – nell'esercitare il proprio 'diritto ad avere diritti' – scongiuri l'apparire dell'illimite della violenza. Questa forma di convivenza, necessariamente erratica, imperfetta e rivedibile, si chiama politica, intesa qui come esplorazione ontologicamente incerta del possibile, come apertura all'indeterminazione storico-sociale e, dunque, come abbandono di qualsiasi immagine data di perfezione identitaria, originaria o destinale.

[18] R. Nunes, *Neither Vertical nor Horizontal. A Theory of Political Organisation*, Verso, London-New York 2021, p. 189.

Capitolo Primo

Poteri

1. *Il richiamo del fuori*

Nel 1648 la pace di Westfalia ricostituì un nuovo equilibrio europeo, sconvolto dalla precedente era di scontri ideologico-religiosi e conflitti armati.

Fra le altre cose, l'istanza protestante di autonomia nella lettura del testo sacro aveva causato l'indebolimento dell'unità della Chiesa in quanto perno morale di interpretazione del mondo, rovesciandone la stessa logica di funzionamento: in un mondo percorso da visioni radicalmente diverse, la difesa di una Verità assoluta e universale pone in gioco ogni cosa. In nome della sua difesa tutto può essere sacrificato e dunque nulla (e nessuno) è più al sicuro.

Tale logica *ad excludendum*, è, ben inteso, applicabile anche ai secoli precedenti. Tuttavia fino a quel momento, l'Altro assoluto si collocava all'esterno del territorio geografico, politico e culturale europeo. L'altro, al di là delle lotte dinastiche intestine per il controllo strategico di territori e risorse, aveva coinciso con il mondo orientale, principalmente arabo, rappresentato come un altrove tanto culturale quanto spaziale. Come scrive Adriano Prosperi:

> «Fino a quest'epoca, il mondo europeo aveva mantenuto una sua sostanziale unità sovranazionale nell'appartenenza a una stessa religione: i pellegrini che si recavano a visitare i santuari o cercavano di raggiungere Gerusalemme erano accolti come immagini di Cristo. Nell'età della Controriforma e dell'intolleranza diffusa, la

differenza di lingua e di cultura fu vista come ragione di sospetto e di avversione» [1].

Al di là dell'estrema violenza che percorse l'Europa di quei secoli – e per certi versi attraverso di essa – il nodo socialmente, politicamente e filosoficamente epocale andrebbe dunque rintracciato nell'elemento autenticamente perturbante di cui quei conflitti furono segno ed espressione. Non solo il nemico assoluto diventa ora (anche) l'europeo, ma la materia del contendere è lo stesso principio ordinativo che aveva garantito il precedente ordine giuridico-politico: la narrazione dell'identità religiosa dell'Europa.

In altri termini, lo scontro esistenziale, nelle categorie che secoli dopo avrebbe forgiato Carl Schmitt [2], si combatte ora contro il proprio vicino di casa [3]. Il Seicento è stato dunque un'epoca paradossale e contraddittoria, ricca di conflitti ma anche foriera di novità epocali; un'epoca di crisi intesa come passaggio, di perdita e ricerca di perfezione: in una parola, un'epoca barocca [4].

A subire uno slittamento sostanziale ed epocale è direttamente il rapporto dell'uomo con la verità. Thomas Hobbes mostra perfetta-

[1] A. Prosperi, *Storia moderna e contemporanea I. Dalla peste nera alla guerra dei Trent'anni*, Einaudi, Torino 2000, p. 463.

[2] Cfr. C. Schmitt. *Teologia politica*, in Id., *Le categorie del politico*, tr. it. a cura di G. Miglio, il Mulino, Bologna 1972; sul tema si rinvia a D. Palano, *Fino alla fine del mondo. Saggi sul 'politico' nella rivoluzione spaziale contemporanea*, Liguori, Napoli 2010.

[3] Il perturbante è in fondo proprio l'estrema vicinanza all'altro. Lo scoprire che l'altro, il diverso da noi, può avere il nostro stesso volto. «Abbiamo incontrato il nemico e siamo noi», come efficacemente sintetizzò Walt Kelly.

[4] Il termine 'barocco, utilizzato per definire l'arte, la cultura e più in generale la temperie storica del XVI e XVII secolo risale alla sillogistica medievale, e designa un modo della seconda figura del sillogismo. Come indicato dalle tre vocali la premessa maggiore è universale affermativa (A) mentre la premessa minore e la conclusione sono particolari negative (O). Secondo altri, il termine si sviluppa a partire dallo spagnolo *baroque*, che designa una perla irregolare; cfr. Treccani, *Barocco*: https://www.treccani.it/enciclopedia/baroco_%28Dizionario-di-filosofia%29/.

mente tale passaggio nel noto capitolo XXXVII del Leviatano, nel quale la verità sul miracolo e il problema dell'obbedienza si toccano, fino a sovrapporsi. Messa in dubbio l'unità teologica della dottrina cristiana, esplosa nella molteplicità confessionale, indebolita dal discorso scientifico di matrice analitica ed empirica, viene meno anche la base astorica e universale della legittimità politica. Fra XVI e XVII secolo il dubbio irrompe nella vita quotidiana, nelle istituzioni e nel pensiero dell'Europa, che per la prima volta da secoli deve confrontarsi con lo spettro del proprio Fuori, con un Universo improvvisamente più ampio e meno ordinato di quanto fino ad allora avesse immaginato [5].

La cultura barocca aveva ben presente la transitorietà e l'impermanenza delle forme secolari:

> «Life's but a walking shadow, a poor player, that struts and frets his hour upon the stage, and then is heard no more. It is a tale told by an idiot, full of sound and fury, signifying nothing» [6].

[5] Descartes e Leibniz testimoniano la drammatica necessità di confrontarsi con il nuovo abisso dell'incertezza. Il primo è costretto a mettere il dubbio al centro stesso della propria indagine, ripartendo da esso per ricostituire una certezza teologico-conoscitiva basata ancora una volta su un Altro teologico-razionale, un Io divino in grado di pensare il mondo e garantirne la stabilità; R. Descartes, *Meditazioni metafisiche sulla filosofia prima*, tr. it. a cura di A. Tilgher, Laterza, Roma-Bari 1986.

Il secondo prende atto della pluralità atomistica del mondo, delle sue forme irriducibili, e ne ricava la visione quasi disperante di una infinità di mondi possibili. Se le combinazioni delle monadi sono potenzialmente infinite, la realtà effettiva perde ogni significato nella moltitudine ugualmente infinita e cieca del virtuale. Ma sono ancora una volta il teologico e il trascendente a soccorrere l'umano di fronte all'abisso, sottraendolo alla caduta nel vuoto. Affinché il mondo attuale non sia come gli altri, perso nell'abisso di un'esistenza puramente ipotetica, è necessario ancora una volta un garante, ed è l'infallibile razionalità divina ad assicurare non solo l'ordinata realtà del mondo, ma anche la sua (non-necessaria) perfezione; G.W. Leibniz, *Monadologia*, tr. it. a cura di S. Cariati, Bompiani, Milano 2001.

[6] W. Shakespeare, *Macbeth*, Cambridge University, Cambridge 1997, p. 229.

Nel momento della caduta dalla certezza della trascendenza teologica, l'Europa del '600 si affida ad una trascendenza artificiale, a quella invenzione politico-normativa che da lungo tempo si stava preparando: lo stato-nazione.

Come è noto, Hobbes avrebbe fondato la realtà del nuovo Leviatano su una sorta di finzione, in grado di replicare artificialmente la non più attingibile certezza teologica. Per l'autore, tale legame ambiguo fra verità e artificialità al fondo dell'*auctoritas* sovrana doveva essere chiaro fin da subito. Forse è per questo che suggerisce l'elemento rappresentativo e teatrale della sovranità fin dal frontespizio, a partire da quel sipario che ne copre il centro. Oltre il sipario dell'unità sovrana permane il conflitto di una moltitudine antropologicamente violenta e affamata, composta di individui uguali e ugualmente isolati dalla propria diffidenza.

Questa immagine di un mondo incerto, improvvisamente aperto in un cosmo ampio, inesplorato e fluttuante (l'improvvisa caduta nell'acqua profonda di Descartes) non ci rinvia alla situazione attuale? Certo, la Storia non si ripete mai allo stesso modo, eppure in essa non mancano rimandi e ritorni, momenti di crisi che periodicamente sconvolgono la struttura culturale e la rete di esoneri che solleva l'individuo dalla fatica di affrontare gli oneri oppostigli dalla sua apertura al mondo[7].

L'agitarsi scomposto delle opinioni sulla scena pubblica contemporanea non è l'esemplificazione perfetta di questo palco abitato da ombre, un insieme meraviglioso di favole pieno di urla e furia, che tentano di significare qualcosa? Il proliferare di *fake news*, l'improvvisa sfiducia tanto nel metodo scientifico quanto nell'autorità istituzionale non denunciano forse un nuovo momento di crisi nell'ordine sociale, il riemergere, nella sua stessa messa in dubbio, dell'origine artificiale di quella naturalità autoprodotta in cui l'essere umano vive, di quella cultura di cui egli stesso è il prodotto?[8]

[7] A. Gehlen, *L'uomo. La sua natura e il suo posto nel mondo*, tr. it. a cura di C. Mainoldi, Feltrinelli, Milano 1983.

[8] Per una prospettiva sulle relazioni fra la cultura barocca e l'epoca contempo-

Torniamo per un istante alla metafora del teatro, alla grande immagine barocca del mondo come palcoscenico, per avventurarci dietro il sipario, in quello spazio 'osceno' che, non visto, regge la rappresentazione. Presupposto dall'immagine del mondo come teatro, ma invisibile, è l'autore, terzo ed estraneo alle vicende, ma in grado di regolarle e unificarle, conferendo loro un senso che la semplice immanenza dei gesti non avrebbe. Come appena visto, nell'ordine pre-moderno, questo ruolo esterno alla scena veniva collocato nell'autorità divina, coincidente con la *Veritas* universale.

Quando il barocco si trova di fronte alla sua assenza, sbirciando per un attimo dietro il velo della rappresentazione mondana, vi trova il vuoto, l'assenza: un racconto narrato da un idiota e recitato da un attore, la vita, che non fa altro che agitarsi insensatamente. A questa vista, il discorso filosofico-politico si affretta a ricoprire il velo che si apre sull'abisso di una *Veritas* divenuta indecidibile. Il Dio mortale, rappresentante in terra del potere divino, è il meccanismo che copre il vuoto lasciato dalla Guerra dei trent'anni.

Ciò non di meno, il dubbio rimane e riemerge nelle domande di tradizioni filosofiche assai diverse fra loro, periodicamente esondando nelle epoche di maggiore crisi: chi è che parla? Chi è che ordina, che comanda e organizza la vita?[9] Chi determina la rappresentazione?

Ancora una volta, il meccanismo della 'terzietà' ha incontrato i propri limiti applicativi. Una volta chiamato in causa, il terzo si scopre parte e dunque, sebbene tra le più rilevanti, pur sempre ca-

ranea si rinvia a AA.VV., *Res Publica. Revista de Historia de las Ideas Políticas. El barroco hispanoeuropeo ante la crisis del presente*, 26, 2023.

[9] Non è un caso se, anche in ambito letterario, il tema e lo stile della metanarrativa, del riferimento all'autore all'interno della narrazione, e dunque della confusione fra diegetico ed extradiegetico è stata ed è un elemento ricorrente nella letteratura e nella cinematografia a partire dall'inizio della stagione del post-modernismo fino ad oggi. Più in generale, sulla relazione fra filosofia e letteratura nel loro rapporto con il molteplice si rinvia a S. Regazzoni, *Iperomanzo. Filosofia come narrazione complessa*, il melangolo, Genova 2018.

ratterizzato dalla propria localizzazione, da visioni e interessi particolari. Ciò che viene messo in dubbio è la sua possibilità di porsi *tout court* come «punto di vista dei punti di vista» [10], prerogativa strettamente legata al potere performativo di teatralizzare la verità.

Nel momento in cui le norme consolidate non sono più disponibili, il mondo si ri-apre al possibile. È allora che il 'cosa fare' svela improvvisamente il proprio legame con il 'chi essere'. Quando la norma non è più disponibile, anche il soggetto scopre la propria fragilità, riacquistando una apertura perturbante verso l'immanente, il non-necessario, il caotico [11]. È in quel momento che ricompare l'abisso del non-senso, negato dalla naturalizzazione della cultura, delle norme e delle istituzioni. Ricompare l'estenuante compito di inventare quel senso.

La prima pulsione è spesso quella di cercare la risposta in una nuova autorità, capovolgendone il segno: lì dove fallisce il Dio artificiale investito dell'*auctoritas* popolare, si cerca l'azione di un 'demone' altrettanto artificiale, che perverte con l'inganno quel-

[10] L'espressione, come è noto, è di Bourdieu, il quale poco più avanti osserva quanto potere statale e teatralizzazione siano congiunti: «Per ottenere un effetto di de-particolarizzazione, l'insieme di istituzioni che chiamiamo Stato deve teatralizzare l'ufficiale e l'universale, deve offrire lo spettacolo del rispetto pubblico delle verità pubbliche, del rispetto pubblico delle verità ufficiali nelle quali si ritiene che l'intera società debba riconoscersi. Deve fornire lo spettacolo dell'universale, di ciò sul quale, alla fine dei conti tutti devono essere d'accordo, sul quale non si può essere in disaccordo poiché è inscritto, a una certa epoca, nell'ordine sociale»; P. Bourdieu, *Sullo Stato. Corso al Collège de France. Volume I (1989-1990)*, tr. it. a cura di M. Guareschi, Feltrinelli, Milano 2013, p. 53.

[11] «La maggior parte della nostra vita trascorre in superficie, siamo presi dalle preoccupazioni quotidiane, dalle banalità, dai divertimenti. Sappiamo, però, o dovremmo saperlo, di vivere sopra un doppio Abisso, un Caos, un Senza-fondo. L'Abisso che siamo noi stessi, in noi stessi e per noi stessi, l'Abisso dietro alle fragili apparenze, al velo friabile del mondo organizzato, del mondo che la scienza pretende di spiegare». A questo doppio Abisso, continua Castoriadis, l'umanità ha sempre reagito «con le istituzioni sociali, soprattutto con quella che ne è stata, quasi ovunque, quasi sempre, la componente centrale: la religione»; C. Castoriadis, *Finestra sul caos. Scritti su arte e società*, tr. it. a cura di G. Lagomarsino, Elèuthera, Milano 2007, pp. 72-73.

l'*auctoritas*, rivolgendola contro sé stessa, cioè contro il 'popolo' che ne sarebbe il soggetto detentore.

Potrebbe spiegarsi in questo modo l'indubbio fascino che le diverse versioni del 'grande complotto' esercitano sulla società, soprattutto attraverso quel frammentato, rizomatico circuito dell'informazione che è la rete: piuttosto che un mondo entropico, regolato dalla imprevedibilità e dalla indeterminazione dell'immanenza, risulta più rassicurante immaginare l'esistenza di un soggetto occulto, onnisciente, ubiquo e semi-onnipotente, in grado di organizzare l'esistenza globale secondo un progetto coerente e unitario. Il grande complotto è la fantasia di uno schema unitario ma comprensibile, in grado di ordinare la consistenza plurima e contraddittoria del reale, rappresentando una nuova versione del grande Avversario. Tale narrazione scherma il soggetto dall'idea sconvolgente di un mondo caotico, dal richiamo panico di un *Umwelt* disorganizzato e imprevedibile e dalla rivelazione perturbante della non-necessità dell'esistente. Inoltre, l'immagine della grande ombra ordinatrice offerta dal complotto ripristina per contrasto anche un'unità etico-morale: a questo Avversario assoluto è giusto ribellarsi con ogni mezzo possibile, ripristinando così quello stato di eccezione che permette di evocare il *caos* con lo scopo di neutralizzare il conflitto, concludendolo.

Il nucleo fobico celato nel cuore della rappresentazione statuale ritorna oggi in una ossessiva richiesta di stabilità, che entra in tensione con l'accelerazione continua e liberogena dell'ordine neoliberale.

Da un lato, la necessità dell'adattamento, la convivenza quotidiana con il rischio, divenuto parte integrante della convivenza sociale, l'instabilità di una convivenza ridivenuta lotta di adattamento per la sopravvivenza, grazie alla promessa incrementale del mercato [12]; dall'altro, una richiesta di sicurezza che passa attraverso il ri-

[12] Sulla relazione fra la società moderna e il rischio si rinvia ovviamente a U. Beck, *La società del rischio. Verso una seconda modernità*, tr. it. a cura di W. Privitera, Carocci, Roma 2013.

pristino delle identità stabilite, dei confini certi, delle appartenenze solide, dei valori tradizionali.

Tale ossessione per l'integrità identitaria riporta sulla scena la figura dell'altro come chimerico nemico radicale, esistenziale, in grado con la propria presenza, di minacciare le basi stesse della vita individuale e comunitaria. Da qui la spiegazione di uno dei paradossi più evidenti e spesso tragici della contemporaneità: la ricomparsa dei muri di frontiera, che nell'epoca di Internet assumono l'apparenza di uno strano oggetto fuori dal tempo, anacronistico. Eppure, nel corso degli ultimi decenni la presenza dei muri è aumentata, e rimane al centro di molti dibattiti e programmi politici. Per non parlare del moltiplicarsi e della recrudescenza, anche nel cuore dell'Europa, di conflitti e secessioni legittimati da questioni etniche e identitarie. La stessa pulsione che determina, all'interno di quei confini, logiche xenofobe e omofobe e politiche repressive. Come ha scritto Wendy Brown:

> «L'ossessione isterica è l'Estraneo, una singola creatura immaginaria fatta di migranti, trafficanti di droga e terroristi, una figura che personifica la contaminazione di frontiere violate e l'evirazione di una soggettività nazionale e individuale permeabile. Così, i muri concepiti per bloccarlo, producono discorsivamente il pericolo» [13].

Forse anche più di quella secentesca, la nostra è dunque una strana epoca, travagliata e contraddittoria, in cui non manca neppure il ferro della guerra, accanto al silicio delle telecomunicazioni e dell'*hi-tech*. Il proscenio torna ad affollarsi di attori alla disperata ricerca di un autore, proprio mentre la rappresentanza politica cede il passo ad una rappresentazione apparentemente scomposta, priva di regista. O forse diretta da fin troppe voci, che sarebbe lo stesso.

Secondo Arnold Gehlen, in quanto essere «piantato in asso dal-

[13] W. Brown, *Stati murati, sovranità in declino*, tr. it. a cura di F. Giardini, Laterza, Roma-Bari 2010, p. 133.

l'istinto»[14] l'uomo è intrinsecamente aperto al mondo, cioè in grado di adattarsi alle più disparate condizioni ambientali. Di più, l'essere umano ha la capacità, e insieme la necessità, di creare le proprie condizioni ambientali. Ma di fronte alla potenzialità della propria apertura, non limitata da quel rapporto immediato tra istinto e ambiente che caratterizza gli altri esseri viventi, l'uomo deve dapprima ricercare e inventare[15] le azioni, le pratiche e gli strumenti più efficaci per fronteggiare l'ignoto, per dare forma all'indistinto, e in un secondo momento, memorizzarli, cristallizzarli in quelli che l'autore chiama *esoneri* (*Entlastungen*), cioè gli strumenti per la condotta umana della sua vita, che l'uomo è in grado di formarsi «a partire da condizioni che rispetto a quelle animali sono abnormi»[16].

Sebbene apra la strada al relativo, all'azione creativa e immanente della cultura come mediazione fra essere umano e ambiente naturale, il pensiero di Gehlen opera questa apertura solo per chiuderla subito dopo, rifiutando la potenza dell'istituente evocata dalla sua concezione antropologica, in una prospettiva che trova nel valore della sicurezza il principio di legittimità della conservazione del già istituito. La coerenza del suo percorso è però evidente nel momento in cui si comprende come la necessità della stabilità, la cristallizzazione del complesso di esoneri che permette all'essere umano di sopravvivere, sia già inscritta in tale presupposto antropologico: è la stessa paura dell'insostenibile apertura verso l'indistinto che contraddistingue la vita umana, a rendere preziosa ogni stabilità che quest'ultima riesce faticosamente ad inventare.

[14] A. Gehlen, *Prospettive antropologiche*, tr. it. a cura di S. Cremaschi, il Mulino, Bologna 1987.

[15] In questo contesto inventare potrebbe essere utilizzato nel suo duplice senso: quello più diffuso di produrre, creare qualcosa di nuovo; ma anche in quello etimologico che lo lega ad invenire, cioè trovare. L'uomo cerca e trova soluzioni innovative, che solo all'interno della propria realtà sociale, culturale ed economica hanno un senso, e dunque non esistono al suo esterno; trova cioè qualcosa di nuovo.

[16] A. Gehlen, *L'uomo. La sua natura e il suo posto nel mondo*, tr. it. a cura di C. Mainoldi, Feltrinelli, Milano 1983, p. 91; sul punto cfr. F. Mancuso, *Il doppio volto del diritto*, Giappichelli, Torino 2019.

La paura dell'ignoto e dell'indistinto resta dunque alla base della necessità, dell'attrazione verso la conservazione del già dato. L'uomo costruirebbe il proprio ambiente culturale, la propria natura sociale, ma dovrebbe al contempo dimenticare questa origine, per non ripiombare nell'incertezza di una natura a cui non appartiene più, data l'insufficienza della propria istintualità.

Ma cosa succede nel momento in cui storia e tecnica, cioè i frutti stessi dell'istituzione umana, producono *eterogeneticamente* un ambiente artificiale troppo complesso per i vecchi esoneri?

Basta osservare il disordine sociale, politico ed epistemico prodotto dalla pandemia di Covid-19 per capire quanto, di fronte ad una minaccia ignota – che ha cioè comportato la revisione delle abitudini più radicate – le risposte possano essere molteplici, spesso scomposte.

L'emergenza ha scatenato al massimo grado dubbi, conflitti, fratture già ben presenti prima del suo arrivo. La possibilità stessa della socialità è stata nei primi momenti messa in dubbio, o almeno fra parentesi [17], a cominciare dalla libertà del contatto. L'irrompere del reale, inteso come elemento della vita non prevedibile, manipolabile, ordinabile, ha travolto anche i gesti più 'naturali', considerati cioè imprescindibili o ovvi.

Se la prima e prevalente risposta è stata quella della paura in senso stretto, organizzata e ordinata anche da una retorica militare (il virus come nemico invisibile e collettivo, i medici e gli infermieri come prima linea del fronte, le mascherine e il distanziamento sociale come unica arma disponibile), non hanno tardato le risposte 'paniche'.

Al virus si è ben presto affiancata una pletora di figure ostili. La paura mono-direzionata si è espansa e frantumata in un ambiente

[17] Il noto e retorico «stare lontani adesso per abbracciarci più forte domani» del presidente italiano Giuseppe Conte è stato solo uno degli innumerevoli appelli alla solidarietà e alla responsabilità che invitavano a sacrificare la socialità proprio in nome della socialità, in un richiamo dal contenuto metaforicamente e letteralmente immunitario, per usare la nota categoria di Esposito. Cfr. R. Esposito, *Immunitas. Protezione e negazione della vita*, Einaudi, Torino 2020.

improvvisamente diventato oscuro e pericoloso: untori stranieri, '*runner*', 'movida' e altre incarnazioni della minaccia esistenziale sono emerse dalla contingenza della cronaca, per assumere una consistenza quasi mitica. Infine, gli strumenti stessi della risposta al contagio sono divenuti segni di uno progetto malevolo, oscuro e soprattutto unitario: presidi medico-sanitari (mascherine, tamponi, vaccini), provvedimenti giuridico-politici, istituzioni scientifiche e politiche si 'rivelavano' di volta in volta tasselli di un meccanismo oscuro, volto al perseguimento di fini inquietanti.

Il richiamo di un fuori, ancora una volta non prevedibile o gestibile con mezzi ordinari, ha provocato una messa in dubbio radicale dell'ordine istituzionale, accentuando, spesso fino al parossismo, fratture pre-esistenti tra visioni del mondo antitetiche, irriducibili. È qui che torna l'apparente paradosso osservato in Gehlen, seppur rovesciato: tale pletora di risposte contrastanti sembra avere come unico punto in comune la richiesta di normalità, di uno *status quo ante*, non a caso invocato costantemente.

Eppure, bisogna notare che se per alcuni questo ritorno si colloca in avanti, verso un'accettazione dell'evento nella sua realtà fattuale, per altri esso va cercato per così dire all'indietro, nella negazione del reale del virus, denunciato come fonte immaginaria di imposizioni ingiuste, e dunque in un rifiuto *tout court* delle restrizioni.

In entrambi i casi, il richiamo del panico, l'irruzione di un fuori non organizzato, dell'*Umwelt* sconosciuto e ignoto, ha come reazione prevalente quella di una richiesta di riorganizzazione, di re-immunizzazione identitaria, che ripristini quanto prima ordine e sicurezza.

In questo quadro, le parole d'ordine si confondono, e la rivendicazione di libertà coincide con la richiesta di ripetitività e prevedibilità. La richiesta è quella di vivere nelle forme note, piuttosto che esplorare le vastità del possibile. La libertà invocata si appella alla norma conosciuta. È la libertà del gesto ovvio, del ritorno alla forma di vita già immaginata e abitata, proprio quando il vincolo del reale, che irrompe nella complessa e fragile costruzione di esoneri che regge il quotidiano, imporrebbe la necessità di aprirsi alla potenza di forme impensate [18].

Ora, non è esattamente questa accelerazione panica verso il fuori a costituire il tratto principale della vita sociale, artistica, politica e perfino giuridica dell'età contemporanea? La potenza della tecnoscienza e dalla telecomunicazione offre la possibilità di un contatto e un confronto costante con esistenze radicalmente divergenti, favorendo esperienze di confronto e pratiche di convivenza, con la conseguente e costante ridiscussione di paradigmi naturalizzati. Ma un Pantheon così affollato porta con sé anche l'ovvia possibilità di nuovi scontri, di nuove guerre di religione, tanto più sanguinose quanto più l'indeterminazione esonda dalle forme della partecipazione istituzionale e coinvolge ogni confine, rendendo prossimi spazi geograficamente, culturalmente, socialmente ed economicamente distanti, ma avvolti in una interrelazione sempre più fitta. In questo senso la pandemia è stata ancora una volta paradigmatica.

Di conseguenza, torna pressante anche l'esigenza di riformalizzare il conflitto, affinché esso non tracimi dalla mediazione politica all'immediatezza della guerra. Il richiamo panico, l'apertura verso la profondità dell'indistinto, ha come rovescio il terrore panico, la paura ottenebrante e violenta verso l'alterità e il possibile.

Anche se ammettessimo, con *Macbeth*, che la vita «non è altro che un'ombra, una favola narrata da un idiota, piena di strepiti e grida ma senza significato», resterebbe pur ferma l'esigenza di costituire tale significato, una forma transitoria, storica, consapevolmente contingente e dunque rivedibile, ma ciò non di meno dotata di stabilità, che conservi quell'orizzonte precluso all'essere umano nella dimensione della natura, e che dunque egli faticosamente reinventa attraverso le proprie relazioni. Insomma, affinché la fiamma non bruci sé stessa resta necessario il cristallo delle istituzioni.

Il rischio è di consegnare per intero questa energia alla narrazione neoliberale, la sola che oggi sembra riuscire per lo meno ad

[18] Sul punto cfr. S. Vaccaro, *Anarchist studies. Una critica degli assiomi culturali*, elèuthera, Milano 2016.

assecondare questa pluralità, addirittura causandola e incrementandola, in una spinta liberogena che mettendo a valore lo scarto, la differenza, ne scatena anche le conseguenze più distruttive. La governamentalità neoliberale, infatti, trova proprio nella messa a valore delle forme di vita divergenti il proprio motore di sviluppo e il proprio criterio unico di valutazione.

Ma il «serpente della governamentalità» – per usare la metafora zoopolitica di Deleuze –, che categorizza le forme nate dall'accelerazione liberogena attraverso la normalizzazione, attraverso la valutazione istantanea e costante della loro *fitness*, della loro capacità di sopravvivere all'interno della griglia di valutazione economica, non può essere un valido sostituto della partecipazione politica alla vita sociale [19].

È proprio la sua accelerazione anzi, a precipitare la vita nella sua indeterminazione, proponendo come unico appiglio, come solo gancio di senso sul baratro dell'indeterminato e dell'imprevedibile, il criterio del valore economico.

Forse viviamo in un'epoca di passaggio, nella quale l'*eidos* specifico dello stato moderno torna a mostrarsi per ciò che è: una forma transitoria del potere sociale, grande auto-narrazione soggetta, come tutte, allo scorrere del tempo. Evidentemente il nostro mondo non assomiglia più a quello in cui gli stati sono sorti e prosperati. Tuttavia, sebbene non più soli al centro della scena, essi continuano a rivestire un ruolo fondamentale nella rappresentazione della contemporaneità

Il grande artificio dello stato, macchina sovrana, «creazione barocca», si è autorappresentato come automatismo naturale. Tramutandosi in paesaggio, è stato capace di far dimenticare – come tutti i meccanismi ben riusciti – la propria storicità e la propria artificialità: da meccanismo convenzionale a sfondo naturalizzato della vi-

[19] G. Deleuze, *Poscritto sulle società del controllo*, cit., p. 241. Sul tema cfr. S. Vaccaro (a cura di), *Il secolo deleuziano*, Mimesis, Milano 1997; L. Bazzicalupo, *Dispositivi e soggettivazioni*, Mimesis, Milano 2013; S. Chignola, *The Mole & the Snake*, in «Soft Power», 1, 2018, pp. 54-76.

ta. Sottratto alla *veritas* il potere di normare la vita, l'*auctoritas* ne prende il posto. Come suggerito da Hobbes nel noto capitolo XXXVII del Leviatano – '*Dei miracoli e del loro uso*' –, è la parola del sovrano a costituire la garanzia definitiva circa la verità formale, perfino riguardo al divino. All'individuo, l'altro capo dell'endiadi moderna, non resta che conservare celata la propria convinzione nel «foro interno»[20].

Il modello di un'*auctoritas* unica e centripeta struttura il pensiero giuridico moderno. Il diritto statuale assurge a diritto *tout-court*, anche per autori notoriamente non in sintonia con la difesa della forma-stato. La sovrapposizione di legge e norma, ad esempio, è presto diventata assoluta, favorendo l'oblio di altre forme normative e oscurando le caratteristiche comunicative e relazionali del concetto di norma a favore della sua carica imperativa. Diverse ricostruzioni storiche evidenziano quanto tale architettura teorica e istituzionale sia il risultato di conflitti costanti e necessarie cooperazioni/negoziazioni tra potere politico centrale, poteri periferici e gruppi organizzati[21].

Lo spazio unificato dello stato-nazione si rivela agli occhi degli storici, come una molteplicità di istanze e differenze, tenute assieme da uno sforzo costante di accordo, sintesi, narrazioni legittimanti. Il mondo plurale delle esperienze premoderne fu rimodellato attorno ad una elegante e severa scissione, il cui perno divenne, nemmeno a dirlo, lo stato: da un lato uno spazio interno, nazionale, di confini e cittadinanza, nel quale tutto è stato, in quanto tutto de-

[20] T. Hobbes, *Leviatano*, tr. it. di G. Micheli, RCS, Milano 2011, p. 464 ss. Sul nesso strettissimo fra la concezione antropologica di Hobbes e la sua filosofia politica, si rimanda a D. D'Andrea, *Antropologia e sociologia del conflitto nel Leviatano di Hobbes*, in «Lo Sguardo», 3 (II), 2010.

[21] Per una prospettiva storica sul tema cfr. E. Rotelli, P. Schiera, *Lo stato moderno*, il Mulino, Bologna 1971; G. Poggi, *La vicenda dello stato moderno. Profilo sociologico*, il Mulino, Bologna 1978; N. Matteucci, *Lo Stato moderno. Lessico e percorsi*, il Mulino, Bologna 1993; M. Fioravanti, *Stato e Costituzione. Materiali per una storia delle dottrine costituzionali*, Giappichelli, Torino 1993.

ve allo stato la possibilità della propria esistenza[22]; uno spazio dell'estensione, pacificato dal *pactum* e libero dalla paura provocata dallo stato di natura grazie alla legittimazione del sovrano. Dall'altro uno spazio esterno, internazionale, naturale in quanto non-pacificato, popolato esclusivamente di 'giganti', cioè di soggetti non ulteriormente riducibili e per questo condannati ad una condizione di minaccia perenne; una eterna guerra potenziale, e dunque attuale nella logica dello stesso Hobbes[23]. Un mondo di solo stato all'interno e di soli Stati all'esterno, nel quale l'unico pluralismo concesso e concepibile è la moltiplicazione *ad libitum* di un solo attore: pluralità di stati grazie al monismo statualistico, ciò che permise la costruzione di uno *Ius Publicum Europaeum* prima e di un equilibrio di potenze poi.

Lo sgomento causato dalle trasformazioni del XX secolo – soprattutto nella sua ultima *tranche*, la cui deriva approda direttamente nell'apparente caos del XXI –, lo smarrimento dovuto alla «lenta morte del Leviatano», è allora nulla più che la faticosa presa d'atto che quello moderno è pur sempre un equilibrio di forze sociali e politiche, e dunque storico, transitorio. La formazione statuale era ed è pur sempre un prodotto 'positivo', dipendente dall'azione e

[22] Gruppi e associazioni sono per Hobbes i «vermi» nel corpo del Leviatano, mentre anche approcci statualistici e contrattualistici più democratici – Rousseau ad esempio – hanno visto nei corpi intermedi il pericoloso spettro della disaggregazione della infallibile «volontà generale». Il potere sovrano ha così proceduto in vari modi, a scioglierle, neutralizzarle o almeno a disinnescarle politicamente. Il pluralismo d'altronde, come scrive Galli, è «la vera arma contro il Leviatano», perché lo riduce a «minuscolo frammento istituzionale», parte di una «politica che non dipende dallo Stato né vi coincide»; C. Galli, *All'insegna del Leviatano*, in T. Hobbes, *Leviatano*, cit., p. XLVI.

[23] Proprio nel Leviatano infatti, al capitolo XIII, Hobbes fornisce la sua nota definizione di guerra e, per contrasto, di pace: «[…] come la natura delle condizioni atmosferiche cattive non sta solo in un rovescio o due di pioggia, ma in una inclinazione a ciò di parecchi giorni insieme, così la natura della guerra non consiste nel combattimento effettivo, ma nella disposizione verso di esso che sia conosciuta e in cui, durante tutto il tempo, non si dia assicurazione del contrario. Ogni altro tempo è pace»; T. Hobbes, *Leviatano*, cit., p. 130.

dal pensiero degli attori che lo pongono in essere, che lo attraversano, che lo agiscono e ne sono agiti, che lo strutturano e ne sono strutturati [24].

È certamente un'esperienza sconvolgente assistere alla liquefazione delle certezze di un'epoca. Eppure, tale situazione non è certo nuova nella storia umana, se non forse per la rapidità inedita con la quale questa crisi [25] si verifica [26].

L'interesse che l'eterogeneità pluralista ha assunto nel discorso giuridico-politico può essere interpretato come il sintomo, e insieme la via, di un ripensamento necessario delle categorie del progetto moderno. La centralità del discorso economico rivela un panorama ben più ampio delle severe geometrie statualistiche, fatte di dualismi assoluti, di inclusioni *hard* ed appartenenze forti [27]. La ri-

[24] Cfr. A. Catania, *Metamorfosi del diritto. Decisione e norma nell'età globale*, Laterza, Roma-Bari 2008.

[25] Utilizzo qui il termine crisi con tutta l'originaria ricchezza semantica del greco *κρίσις*, in quanto momento di separazione e scelta, processo e giudizio. Sia come momento empirico di scissione, da un ordine conosciuto ad una situazione ancora da decidere; sia nel senso più proprio della filosofia delle idee, come momento nel quale l'insieme di idee e dottrine tipiche della modernità non appare più sostenibile, suscitando quindi l'esigenza di una dottrina nuova con cui sostituirla.

[26] Esperienza non nuova per l'uomo, che per usare le parole di Gehlen, è un animale piantato in asso dall'istinto, aperto al mondo (*Weltoffen*). *Abitua*to dunque e costretto, anzi abituato perché costretto, ad elaborare il proprio orizzonte simbolico. L'uomo non si pone di fronte ad un ambiente, i cui significati siano articolati e istituzionalmente ovvi, ma ad un mondo – ossia un campo di sorprese, dalla struttura imprevedibile, che va elaborato, cioè esperito con circospezione attraverso misure e comportamenti adeguati. Cfr. A. Gehlen, *Antropologia filosofica e teoria dell'azione*, tr. it. a cura di E. Mazzarella, Guida, Napoli 1990, p. 63.

[27] La stessa posizione dell'economia nelle trasformazioni in atto solleva dubbi, diventando oggetto di visioni diametralmente opposte. Se da un lato essa è letta come un caos, in quanto ha scoperto di «non avere in sé la forza normativa che millantava»; C. Galli, *All'insegna del Leviatano*, in T. Hobbes, *Leviatano*, cit., p. XLIX. Da prospettive diverse, come ad esempio quella della già citata Wendy Brown, essa viene letta come una logica ordinante estremamente pervasiva, dalla grande capacità di adattamento; una sorta di sovranità senza sovrano, un Dio ubiquo che non necessità di decisione; cfr. W. Brown, *Stati murati*, cit., p. 61.

scoperta di spazi altri rispetto a quelli costruiti dall'ufficialità, di dinamiche imprevedibili e irriducibili alla nettezza dell'endiadi permesso/vietato, fa riemergere l'assetto multipolare di una società non più contratta nella cristallizzazione statuale.

È questo senza dubbio un mutamento ambivalente: segnato da un lato dal ritorno di caratteristiche pre-moderne, esso vede, dal lato opposto, lo sviluppo di elementi, strumenti e dinamiche inediti, oltre che di sinergie dagli esiti imprevedibili.

Contrastanti sono anche le letture di questo scenario. Per qualcuno l'arretramento dello stato dalla sua posizione di centralità e superiorità, segna un vero e proprio «ritorno al diritto», inteso come prodotto di una diffusa creatività sociale. Esso tornerebbe ad essere, in questa visione, uno strumento comunicativo più che coattivo.

Altri non mancano di rilevare le nuove forme di esclusione, divisione e sfruttamento che sorgono da questa incertezza normativa. Sembra in ogni caso che la logica moderna, così come emersa dal «modello hobbesiano di neutralizzazione dei conflitti e delle differenze»[28] vacilli, anche nella forma disincarnata e aggiornata del normativismo kelseniano.

Ciò che si ripresenta oggi è una società plurale, complessa e frammentaria, nella quale il diritto di matrice statuale è sempre più affiancato da un gran numero di «*agencies* giuridiche scomposte, spesso incoerenti»[29]. Ciò non di meno, bisogna tenere presente l'impossibilità di decretare la «fine delle forme, delle istituzioni e dei dispositivi cui il discorso politico e giuridico ci aveva abituati fino agli ultimi decenni del secolo scorso»[30], a pena di una parzialità che ancora una volta oscurerebbe il quadro attuale nella sua completezza e complessità.

Ripensare le forme della convivenza e del conflitto significa allora – senza cedere a facili entusiasmi o condanne senza appello –

[28] A. Catania, *Metamorfosi del diritto*, cit., p. 4.

[29] *Ivi*, p. 11.

[30] A. Tucci, *Dispositivi normativi della governance*, in L. Bazzicalupo, S. Vaccaro (a cura di), *Vita, politica, contingenza*, Quodlibet, Macerata 2016, p. 253.

mettere fra parentesi i grandi modelli e le rigide dicotomie, per tornare ad interrogare le pratiche, gli spazi e i soggetti nel loro farsi continuo. Significa ricollocare il normativo all'interno di un divenire inesausto e in buona parte imprevedibile, sottraendosi così alla tentazione di incatenarlo a definizioni essenzialiste. Significa infine, tentare – con tutte le difficoltà e i limiti del caso – di seguirlo nel suo incessante polimorfismo. Qualsiasi tentativo di definirne un'essenza compiuta rischia, in una dimensione sincronica o diacronica, di inciampare nella sua prometeica capacità di adattamento [31].

2. *Modelli della sovranità*

Fornendo un punto di fuga univoco alle linee di forza che attraversano il sociale, l'organizzazione del potere statale ha costituito per secoli il solido sfondo di riferimento dell'analisi teorica. Stato e sovranità, sovrapposti nella visione di una tradizione giuridico-politica che affonda in Hobbes le sue radici, hanno rappresentato il fuoco univoco di un gioco prospettico elaborato, capace di sintetizzare il complesso ambiente sociale in un paesaggio organizzato *more geometrico*. Le origini di questa visione organizzante sono note: la condizione di insicurezza e violenza lasciata dalle guerre di religione spinsero alla costruzione di un nuovo ordine politico europeo, fondato sulla divisione del potere fra soggetti politici fortemente territoriali capaci di accentrare le prerogative e i poteri precedentemente polverizzati e distribuiti su più livelli sociali.

A metà del XVII secolo la scena europea è pronta per l'avvento degli stati nazionali. Con il *principio cuius regio eius religio* veniva meno l'universalismo religioso di matrice papale, sostituito da quel dio artificiale rappresentato dal sovrano (il leviatano): potere concreto capace di monopolizzare l'uso della forza legittima entro il preciso confine normativo e spaziale della nazione. Omogeneità

[31] Sul punto cfr. F. Castelli, F. Giardini, F. Raparelli, *Conflitti. Filosofia e politica*, Le Monnier, Firenze 2020.

del territorio nazionale e gestione amministrativa della ragion di stato (*ratio status*), un unico diritto, garantito dalla centralità della tecnica legislativa[32]. Eletta a strumento principale della regolazione giuridica, la legge consentì non solo di costruire una cornice normativa comune, ma anche di regolamentare in dettaglio tutti gli aspetti della vita. Il potere giudiziario, formante centrale nel pluralismo medievale, venne relegato alla funzione ancillare di 'bocca della legge'.

Sebbene il processo di effettiva centralizzazione del potere statale e la sua costruzione dottrinale abbiano ovviamente seguito un percorso parallelo e intrecciato di interdipendenze, resta necessario conservare la distinzione tra i due piani: anche se profondamente e storicamente interrelati, sovranità e stato non sono concetti necessariamente coincidenti. Pur riconoscendo il profondo legame storico e dottrinale che lega l'una all'altro, resta necessario distinguere le pratiche storiche effettive dai concetti e dalle dottrine che mirano ad una razionalizzazione. Dal punto di vista teorico, Hobbes, facendo della validità un precipitato dell'autorità (*auctoritas, non veritas facit legem*) collegò saldamente il diritto alla forza, garantendone la riconoscibilità e la vincolatività: diritto sarebbe stato da quel momento la decisione sovrana, espressa attraverso la forma della legge; e sovrano, avrebbe chiosato tre secoli dopo Carl Sch-

[32] Fondamentale a tal proposito la definizione data da Foucault: «Oggettivamente, si chiamerà ragion di stato ciò che è necessario e sufficiente affinché la Repubblica, nei quattro sensi della parola 'stato', conservi esattamente la sua integrità»; M. Foucault, *Sicurezza, territorio, popolazione, Corso al Collège de France 1977-1978)*, tr. it. a cura di P. Napoli, Milano 2005, p. 185. I quattro sensi della parola 'stato' a cui fa riferimento il passo sono: stato come ambito territoriale (*dominium*), stato come «istituzione o insieme di istituzioni», stato «come condizione di vita», stato come «qualità di una cosa in quanto opposta al movimento». Per Foucault tutti e quattro le accezioni sono riferibili alla Repubblica. Sul punto cfr. anche M. Senellart, *Michel Foucault: Governamentalità e ragion di Stato*, tr. it. a cura di G. Gentile, in «Ars Rosa. Centro Studi su Ragion di Stato e Democrazia», 25 novembre 2020: https://www.ragionidistato.it/2020/11/25/michel-foucault-governamentalita-e-ragion-di-stato/

mitt, «è chi decide sullo stato d'eccezione»[33]. Stato, sovranità e diritto venivano così a coincidere in una rappresentazione trascendente, che vedeva nella teologia politica il sostituto perfetto della legittimazione sostanziale fornita, durante l'esperienza medievale, dalla condivisione culturale e religiosa.

La normatività forte della legge venne così legata ad un monopolio della forza legittima in capo allo stato. La norma, così come concepita dal diritto moderno, divenne principalmente uno strumento per imporre obblighi e divieti, legato all'uso della coercizione legittima attraverso il momento della sanzione.

Il carattere di certezza della legge contribuì a sviluppare «quella tradizione dell'interpretazione giuridica in chiave esegetica che ha dominato a lungo la cultura giuridica dell'Europa continentale»[34]. La scrittura provvedeva ad una sorta di «certificazione statuale della norma, producendo un linguaggio caratteristico del rigido modello di *civil law*, nel quale il contenuto normativo era un oggetto solido, astratto e tendenzialmente onnicomprensivo, da interpretare quasi meccanicamente. Inoltre, il carattere scritto della legge rendeva possibile fondere insieme il criterio (politico) della decisione, con quello (giuridico) della regola, nella cosiddetta 'norma' [...]»[35]. L'immagine dello stato, in altri termini, formalizzava una scena unitaria, un meccanismo centripeto. La efficace narrazione della sovranità provvedeva così al progetto moderno di *reductio ad unum*, attraverso gli strumenti di un potere unitario e dominante, le cui categorie erano costruite attorno allo stato stesso.

Nemmeno il formalismo normativista, pur rifiutando la visione assoluta del leviatano e il sostanzialismo comunitarista del decisionismo, poterono fare a meno della coercizione e della violenza. Sciogliendo la decisione puntuale schmittiana nel *novum* costante della *auctoritatis interpositio*, Kelsen ricondusse in ultima istanza

[33] C. Schmitt, *Teologia politica*, cit., pp. 33-35.

[34] M.R. Ferrarese, *Prima lezione di diritto globale*, Laterza, Roma-Bari 2012, p. 39.

[35] *Ibidem*.

il fondamento di validità del suo *Stufenbau* nello spazio puntiforme della *Grundnorm*, rispettando l'esigenza tutta moderna della *reductio ad unum*: sciolta la sovranità nelle decisioni autoritative a vari livelli, rimaneva l'ipotesi conoscitiva a strutturare un obbligo univoco e centripeto.

Dal punto di vista storico, tuttavia, tale immagine rivela una progressione: se osservata nel dettaglio essa si divide in una serie di *frame* consecutivi, fra loro assai divergenti. L'evoluzione del modello statale è già sufficiente per rivelarne la variabilità storica. Dal suo procedere si evince inoltre quanto l'apparente autonomia della sovranità sia da sempre collegata ad una costante interdipendenza del politico con altri poteri, in prima istanza quello economico della borghesia mercantile: una profonda interdipendenza tra forze sociali e politiche, in grado di influenzare e dare forma alle strutture normative e istituzionali. In altri termini, al di là della narrazione unitaria, la stessa possibilità di individuare nella realtà e nella teoria statuale una genealogia riconduce alla natura storico-processuale dell'organizzazione dello stato e alla transitorietà del suo potere [36].

Nei quattro secoli che separano il presente dalla nascita dello stato, il contesto sociale ed economico non cessa di mutare e i rapporti politici continuano a ricombinarsi in nuovi equilibri, all'interno di un contesto spaziale e concettuale che tenta di fornire un ordine teorico e pratico unitario e coerente. Tuttavia molti sono gli strappi e gli adattamenti, anche radicali, che l'analisi storico-sociale individua entro il *continuum* evolutivo dello stato moderno [37].

[36] Sul punto si rimanda fin da ora a Saskia Sassen, che ricostruendo l'ordine di trasformazioni successive che dal sorgere dell'assemblaggio nazionale porta al suo superamento nell'attuale assemblaggio globale, contribuisce ad una messa in prospettiva del racconto della sovranità, fornendo l'immagine di una realtà istituzionale plurale, stratificata, le cui linee di fuga esulano in gran parte dalla spazialità nazionale; S. Sassen, *Territorio, autorità, diritti. Assemblaggi dal medioevo all'età globale*, tr. it. a cura di N. Malinverni, G. Barile, Mondadori, Milano 2008. Sul punto cfr. anche G. Cascione, *The double face of Sovereignity*, in «Iconocrazia», 0, 2011, pp. 43-55.

[37] Quando Foucault parla di governamentalizzazione dello stato, restituisce

In un primo momento, un coagularsi progressivo del potere politico segna la strada che dai regni feudali, attraverso «l'organizzazione fluida e complessa denominata Stato dei ceti» [38], porta al sorgere degli Stati assoluti fra XVI e XVII.

Tale accentramento comporta lo sfaldamento dei corpi cetuali e l'emergere degli individui-sudditi, titolari di quel foro interno teorizzato da Hobbes e guidati dal proprio interesse economico individuale. Durante questa fase, al riparo dalla paura della guerra, sotto l'ombrello protettivo della sovranità assoluta del leviatano «Stato e società si polarizzano» [39]. Alla crescita del potere statale corrisponde cioè quella della società, soprattutto del ceto borghese, che progressivamente si autonomizza. I decenni che separano il pensiero di Hobbes da quello di Locke segnano un mutamento profondo nel cuore stesso del leviatano: un *pactum subiectionis* che abbia ad oggetto semplicemente la sicurezza dei sudditi non è più sufficiente, dato che la borghesia si è trasformata da ceto in classe [40]. Non più assoggettata, la classe borghese espande la sfera dei propri diritti: libertà e proprietà devono essere aggiunti al catalogo, trasformando radicalmente i compiti, i limiti e le prerogative del sovra-

esattamente questa dinamica, ricostruendo genealogicamente la nascita e l'affiancamento, al potere sovrano, di quello disciplinare e quello governamentale: «Lo stato – non più oggi che nel corso della sua storia – non ha mai avuto questa unità, questa individualità, questa funzionalità rigorosa e direi anche questa importanza. Dopo tutto, forse, lo stato non è che una realtà composita e un'astrazione mitizzata la cui importanza è molto più circoscritta di quel che si crede. Ciò che è importante per la nostra modernità, cioè per la nostra attualità, non è tanto la statalizzazione della società, ma quella che chiamerei la "governamentalizzazione" dello stato». M. Foucault, *Sicurezza, territorio popolazione*, cit., p. 89. Sul punto cfr. anche M. Foucault, *Bisogna difendere la società*, tr. it. a cura di M. Bertani, A. Fontana, Feltrinelli, Milano 1998.

[38] A. Catania, *Lo Stato moderno. Sovranità e Giuridicità*, Giappichelli, Torino 1996, p. 9.

[39] *Ivi*, p. 13.

[40] Cfr. G. Marramao, *Dopo il Leviatano. Individuo e comunità*, Bollati Boringhieri, Torino 2013.

no[41]. È un primo rovesciamento: la società dei singoli ed eguali, prosperata all'ombra del leviatano, non ne tollera più le limitazioni, sfida l'*Ancien Régime*, e lo delegittima[42].

Lo stato assoluto diventa allora stato di diritto, con la discrezionalità del sovrano trattenuta dalla forma-legge (*rule of law*).

In questa dinamica, due elementi risaltano particolarmente. Il primo è il ruolo assunto dalla borghesia. Proprio il ceto borghese, alleato fondamentale del principe nella lotta contro la nobiltà, assurge ora a polo contrapposto, rivendicando una serie di limiti alle prerogative del sovrano, rovesciando la sede della sovranità verso il popolo, come apparirà chiaro nel contrattualismo di stampo rousseauiano, che ri-collocherà nella collettività democratica il luogo della decisione. Sovrano è ora il popolo, ancora comodamente monoclasse. È in altri termini la borghesia ad auto-rappresentarsi come soggetto collettivo, depositario della sovranità, dato che la volontà generale è ciò che legittima lo stato, il quale non è altro che una sua emanazione:

> «'Trovare una forma di associazione che difenda e protegga, mediante tutta la forza comune, la persona e i beni di ciascun associato e per mezzo della quale ognuno, unendosi a tutti, non obbedisca tuttavia che a sé stesso e rimanga libero come prima.' Questo è il problema fondamentale di cui il contratto sociale offre la soluzione»[43].

Il secondo elemento è il risorgere della così detta *rule of law*, che va però letta in una chiave completamente diversa da quella

[41] J. Locke, *Il secondo trattato sul governo*, tr. it. a cura di A. Gialluca, RCS, Milano 2010.

[42] L. Bazzicalupo, *Politica. Rappresentazione e tecniche di governo*, Carocci, Roma 2013, p. 33.

[43] J.J. Rousseau, *Il contratto sociale, tr. it.* a cura di R. Gatti, RCS, Milano 2010, p. 18; sul punto cfr. V. Rapone, *Totalità e democrazia: la costruzione del moi commun in Rousseau, in A.* Argenio (a cura di), *Totalità e democrazia*, Editoriale scientifica, Napoli 2012.

che caratterizzava il concetto in età classica e medievale. Come scrive Tamanaha: «In liberalism the rule of law emphasizes the preservation of individual liberty» [44]. Nell'esperienza democratica greca libertà voleva dire autogoverno collettivo. La legge era da considerarsi suprema in quanto espressione della tradizione e della moralità collettiva. Nel modo di vedere dei giuristi medievali, la legge era un limite al re, posto dalla comunità per la protezione della comunità (*Gemeinschaft*). Dunque, in quel momento storico, l'idea di una libertà in quanto difesa della sfera privata dell'individuo nei confronti tanto del potere sovrano quanto della collettività è un concetto nuovo. Nelle parole di Berlin:

> «The sense of privacy itself, of the area of personal relationship as something sacred in its own right, derives from a conception of freedom which, for all its religious roots, is scarcely older, in its developed state, than the Renaissance or the Reformation» [45].

Il risultato sarà il consolidarsi di una netta separazione fra pubblico e privato, che diverrà uno dei caposaldi della dottrina giuridica moderna, tanto da essere inscritta da Bobbio tra le grandi dicotomie del diritto [46]: potere pubblico, e libertà privata si scindono. Le funzioni del primo sarebbero state limitate al così detto stato minimo, consentendo agli interessi privati di trovare autonomamente la propria soddisfazione.

[44] B.Z. Tamanaha, *On the rule of law. History. Politics. Theory*, Cambridge University Press, New York 2004, p. 33.

[45] I. Berlin, *Four Essay on Liberty*, Oxford University Press, Oxford 1969, p. 129.

[46] Grande dicotomia è per Bobbio il prodotto di un'operazione di classificazione, che sia totale in quanto vi rientrano tutti gli enti cui la disciplina si riferisce, e principale, in quanto tende a risolvere tutte le altre dicotomie. Caratteristica principale di una grande dicotomia per l'autore «l'impiego privilegiato dei suoi due termini allo scopo di delimitare l'orizzonte entro cui si iscrive una determinata disciplina», ciò che Bobbio stesso chiama «uso sistematico»; N. Bobbio, *Dalla struttura alla funzione*, Laterza, Roma-Bari 2007, p. 123 ss.

Tuttavia, nemmeno questo equilibrio sarebbe durato. Il moltiplicarsi delle istanze dovute alla ripluralizzazione della società avrebbe imposto all'apparato statale di intervenire in maniera sempre più pregnante nella sfera privata. L'esigenza di riconoscere l'esistenza di queste forze portò ad una serie di riflessioni sulla crisi dello stato[47]. Ricostituendosi sotto altra forma, i corpi intermedi in cui si sostanziava la vita di individui concreti tornarono a premere per la tutela di interessi sempre più specifici, che il contenitore dell'uguaglianza generale e astratta non era in grado di recepire. La rappresentazione unitaria del polo sociale si stava già frantumando in linee di forza e in soggettività contrapposte, in lotta per il riconoscimento.

Tale pluralizzazione sarebbe stata formalmente riconosciuta nel secondo dopoguerra, e sancita in diversi paesi dalla nuova ondata del costituzionalismo, segnato dalla convivenza progettuale di principi e norme provenienti da tradizioni culturali e valoriali diverse, formalizzate entro una difficile convivenza.

Il momento è ora maturo per un nuovo adattamento, pur se all'interno della spazialità nazionale, della sovranità e delle categorie giuridiche del moderno: mentre la cittadinanza si estende a contenere una nuova generazione di diritti, quelli sociali, lo stato potenzia il proprio apparato burocratico per garantirne l'implementazione.

Attraverso questa tensione progettuale, il testo costituzionale introduce la pluralità sociale nel cuore stesso del diritto statuale, riconosciuto e pensato come spazio di negoziazione politica, di riconoscimento e tutela attiva di istanze disseminate e confliggenti: come luogo del conflitto formalizzato.

Fu possibile in tale contesto immaginare e attuare una risposta alle istanze degli strati più deboli della società, in altri termini lo stato sociale: una sostanziale riformulazione della partecipazione del potere pubblico nella gestione degli equilibri economici e un conseguente governo delle vite, con la promessa di un più diffuso benessere

[47] Sul tema si rinvia a S. Romano, *Lo stato moderno e la sua crisi. Discorso inaugurale per l'anno accademico 1909-1910*, Vannucci, Pisa 1910.

sociale e di un progressivo riequilibrio delle opportunità[48]. Tende allora a spostarsi l'equilibrio tra stato e società, mentre la forma di legittimazione dello stato moderno, individuata da Weber nella validità legale dei comandi statali, diventa più gravosa, dato che «l'accresciuto peso politico delle forze sociali implica una frequente violazione delle regole procedurali dello Stato di diritto»[49].

Il cambio di paradigma è sostanziale. Resta ancora forte l'elemento territoriale nella costruzione dello spazio, ma tale spazio si complessifica dal punto di vista politico e giuridico: da monade politica, lo stato assume i connotati di un orizzonte decisionale condiviso. Da sfondo inamovibile, esso diviene equilibrio politico in perenne discussione. Ancora una volta una *reductio*, ma non più in quanto dato indiscutibile, bensì come risultato riconosciuto di lotte continue. Sintesi politica sempre da raggiungere, mai completamente raggiungibile.

È interessante notare in quale modo tali evoluzioni coinvolgano le categorie giuridiche della modernità. Si è già visto lo spostamento della decisione, che dal soggetto unitario passa ad una platea di soggetti sociali diversificati. Si amplia lo strumentario costituito dai diritti soggettivi, e con esso il contenitore della cittadinanza, la quale si adatta al frastagliato manto sociale[50]. Se resta fermo il carattere artificiale dell'ordine statualistico, che lega decisione e forma alla sovranità (*auctoritas, non veritas facit legem*), l'aggancio costituzionale riconosce l'esistenza di pretese sostanziali: i diritti costituzio-

[48] Cfr. E. Forsthoff, *Stato di diritto in trasformazione*, a cura di C. Amirante, Giuffrè, Milano 1973.

[49] A. Catania, *Lo Stato moderno*, cit., p. 15. Sul pensiero di Weber cfr. D. D'Andrea, *Max Weber cent'anni dopo*, in «Iride», 3, 2020, pp. 557-560; D. D'Andrea, *Max Weber. Un realismo politico anomalo*, in B. Henry, A. Loretoni, A. Pirni, M. Solinas (a cura di), *Filosofia politica*, Mondadori, Milano 2020. pp. 173-185; M. Nicoletti, *Etica e responsabilità: un confronto tra Weber e Bonhoeffer*, in G.M. Chiodi, R. Gatti, V. Sorrentino (a cura di), *La filosofia politica di Weber*, Franco Angeli, Milano 2021.

[50] Sulla dialettica fra democrazia e cittadinanza si rinvia ovviamente a E. Balibar, *Cittadinanza*, tr. it. a cura di F. Grillenzoni, Bollati Boringhieri, Torino 2012.

nali. Lo stato dipende sempre più da forme di legittimazione assiologica che stressano ed eccedono il severo formalismo della legge.

Entrambi questi modelli vivono oggi una evidente ridefinizione, che si sostanzia in un affievolimento della capacità dirimente della sovranità e in una ridistribuzione dei poteri. Secondo alcuni giuristi, come Ferrajoli, tale trasformazione assume i toni di una vera e propria crisi:

> «Una crisi che si manifesta sotto forma di regressione a un diritto di tipo premoderno: nel collasso della capacità regolativa della legge e nel ritorno al ruolo creativo della giurisdizione; nella perdita dell'unità e della coerenza delle fonti e nella convivenza e sovrapposizione di più ordinamenti concorrenti; nella subordinazione della politica all'economia e della sfera pubblica ai dettami dei cosiddetti mercati»[51].

Da una diversa prospettiva, come vedremo, alcuni giuristi osservano questo cambiamento come un ritorno al diritto[52], una rinnovazione della sua forza produttiva, della sua malleabilità e capacità di elaborare soluzioni creative a problemi specifici.

Se tale trasformazione può essere letta e valutata in modi assai diversi, rimane la sensazione di una metamorfosi radicale negli equilibri istituzionali tipici della modernità, che va nella direzione di una ripluralizzazione delle voci. Ne consegue la necessaria revisione delle categorie che a quegli equilibri erano ispirate.

La complessità di tale trasformazione emerge nell'ambivalenza dei processi in atto: da un lato l'affiancamento alla funzione normativa statale di produzioni normative polverizzate; dall'altro una iperproduzione normativa da parte delle stesse istituzioni pubbliche, provocata dalla necessità di regolare istanze contrastanti e problemi specifici, sorti dall'intreccio tra le crescenti possibilità offer-

[51] L. Ferrajoli, *Iura paria, I fondamenti della democrazia costituzionale*, Editoriale Scientifica, Napoli 2015, p. 23.

[52] Cfr. P. Grossi, *Ritorno al diritto*, Laterza, Roma-Bari 2015.

te dalla tecno-scienza e l'infittirsi delle interdipendenze economiche, sociali e culturali dell'età globale.

3. *Nuovi equilibri internazionali*

Il processo di trasformazione giuridico-politica al quale stiamo assistendo riverbera nei rapporti tra stati: sempre più legati da accordi internazionali, le sovranità legittime si ritrovano all'interno di una rete di interdipendenze e vincoli derivanti da un'attività pattizia sempre più articolata.

Il carattere episodico e puntuale di tali accordi cede il passo ad un quadro sempre più multilaterale [53]. La nuova frequenza dei trattati internazionali ha prodotto una struttura complessa e stratificata, al cui interno gli individui-stati agiscono come soggetti formalmente ordinati su un piano formalmente orizzontale e paritario: una realtà complessa e organica, plurilaterale, in grado di produrre vari livelli istituzionali (dalle aree commerciali agli organismi internazionali, passando per esperimenti complessi e difficilmente categorizzabili, come l'Unione Europea). In altri termini l'ordinamento giuridico globale, già nella sua componente pubblica e internazionale, ha proceduto verso la costruzione di un contesto di natura cooperativa e negoziale.

In questo quadro, la legge conserva tuttavia un ruolo fondamentale, che è quello di conferire accettabilità e riconoscibilità a questo progetto in quanto nuova ideologia di sviluppo. Ne è prova la frequenza con cui rapporti e dichiarazioni programmatiche delle principali istituzioni per lo sviluppo riportano riferimenti ai vantaggi dello stato di diritto, alla necessità di costruire buone strutture di governo e più in generale all'uso sempre più frequente di criteri come quello della governabilità nella valutazione di governi e apparati politici [54]. L'intervento legale è dunque auspicato e anzi in-

[53] Cfr. M.R. Ferrarese, *Prima lezione di diritto globale*, cit., p. 136 ss.

[54] Fra gli esempi, nel 2001 il *Comprehensive Development Framework* della

vocato a favore del mercato, dato che la competitività economica diventa criterio di valutazione anche delle scelte politico-giuridiche. Tale privatizzazione delle funzioni pubbliche avviene attraverso forme diverse. Una di quelle più comuni e di vecchia data è la *deregulation* di attività prima affidate al pubblico e ora sempre più gestite da dinamiche di mercato. Ma si assiste anche alla creazione di nuovi mercati per la gestione di funzioni pubbliche[55], o ancora a *partnership* pubblico-privato.

Questi fenomeni non provocano soltanto una riduzione *tout court* del ruolo dello stato, ma anche e soprattutto uno spostamento di poteri tra istituzioni ufficiali all'interno degli stati. Secondo Saskia Sassen ad esempio, negli USA «privatizzazione, deregolazione e mercantilizzazione hanno ridimensionato il ruolo del Congresso ma hanno accresciuto quello dell'esecutivo per il grande potere assunto dalle commissioni specializzate create per l'occasione»[56]. Tale ricollocazione di poteri è indice di un ruolo ancora centrale degli stati, ma al contempo di una riconfigurazione della loro posizione all'interno del panorama sociale.

Più in generale il diritto moderno ad «alta definizione» lascia progressivamente spazio a un diritto globale a «bassa definizione»[57], che ricorda ancora una volta equilibri istituzionali ed espe-

Banca mondiale ha indicato nella presenza di un governo onesto e un sistema legale efficace due elementi essenziali per uno sviluppo sostenibile e per la lotta alla povertà; J.D. Wolfensohn, *The Comprehensive development framework*: https://documents1.worldbank.org/curated/en/208631583185352783/pdf/The-comprehensive-development-framework.pdf.

[55] Saskia Sassen ricorre all'esempio piuttosto eclatante della privatizzazione delle prigioni, fenomeno drammaticamente esteso ed attuale; S. Sassen, *Territorio, autorità diritti*, cit., p. 253; cfr. S. Sassen, *Espulsioni. Brutalità e complessità nell'economia globale*, tr. it. a cura di N. Negro, il Mulino, Bologna 2015.

[56] S. Sassen, *Territorio, autorità, diritti*, cit., p. 253.

[57] A «bassa definizione» sarebbero le forme giuridiche premoderne, in quanto basate su un numero di informazioni ridotto. Le norme stabilite *ex-ante* cioè descrivono un numero molto limitato di «variabili predefinite», lasciando alle singole decisioni delle corti e alle applicazioni concrete il compito di specificare e chia-

rienze giuridiche pre-nazionali. L'alta densità di informazioni contenuta nel sistema legislativo è legata a tre caratteristiche fondamentali, tipiche della normatività legalistica e statualistica: pubblicità, normatività, scrittura. La prima in particolare è direttamente connessa con la sua matrice statuale: la validità della legge è legata alla rigidità del percorso istituzionale necessario alla sua produzione; un percorso predefinito e conoscibile, un *iter* pubblico che consegna alle istituzioni statali il monopolio della produzione normativa, ma che al contempo rende il processo conoscibile e controllabile. Come abbiamo visto, la forma-legge è uno strumento fondamentale nella strutturazione del paradigma statuale.

Le interdipendenze generate dal diritto globale provocano anche un ribilanciamento di equilibri tra i classici poteri dello stato nazionale. Il legislativo, ad esempio, fatica a mantenere fede alla propria missione istituzionale di produrre regole astratte e generalizzate, e tale difficoltà è resa evidente dallo stile in cui le leggi sono redatte. Si opta per ampi quadri normativi *open texture*, che di fatto delegano sempre più ai giudici la responsabilità di riempire di significato la vaga cornice normativa. Oppure, al contrario, si assiste all'emanazione di leggi dal contenuto sempre più specifico (leggi-provvedimento) pensate non in un quadro di generalità e astrattezza, ma per casi estremamente specifici. Sono provvedimenti di matrice soprattutto amministrativa, provenienti dall'iniziativa del potere esecutivo, il quale vede aumentare le proprie prerogative e il proprio peso nell'equilibrio di poteri nazionali.

Per quanto riguarda il ruolo del giudiziario, è ormai quasi dimenticato il mito moderno di un giudice mero esecutore, 'bocca' di una legge omnicomprensiva e perfettamente conoscibile *ex-ante*. Data la complessità e l'imprevedibilità dei casi concreti, che avvengono in un quadro di costante mutamento sociale, tecnologico e scientifico, il

rire il contenuto. Ad alta definizione è invece il diritto moderno, perché elegge a propria fonte primaria la legge che, in quanto strumento normativo sovraordinato alla realtà sociale, contiene una mole di informazioni molto specifiche e dettagliate; M.R. Ferrarese, *Prima lezione di diritto globale*, cit., p. 32 ss.

sentiero imboccato è per molti versi quello di un *judge made law*: un diritto *ex-post*, frutto della alluvionale sedimentazione del lavoro di corti nazionali, sovranazionali e private, che a più livelli fissano, proprio attraverso decisioni su concretissimi *leading cases*, *standard* e principi più o meno condivisi, ma sempre ri-discutibili.

Il *judge made law* produce a sua volta una ubiquità giudiziaria per la sua implicita tendenza a superare la dimensione territoriale, data la funzione di perseguimento della giustizia: le corti «si sentono parte» di un circuito internazionale per la tutela dei diritti umani, facendo emergere una loro vocazione internazionale che vede nella comunicazione trans-giudiziale uno strumento per il superamento dei confini [58]. Favoriscono questa ubiquità anche le tante organizzazioni transnazionali di giudici, corti e circuiti giudiziari, nonché il dialogo sempre più serrato fra giudici, consentito dagli strumenti elettronici, che tende a definire un *ethos* condiviso e partecipato, o come la chiama Anne-Marie Slaughter, una «emergente giurisprudenza globale» [59].

[58] Particolarmente significativa al riguardo la vicenda legata al caso Pinochet, citata dalla stessa Ferrarese. Nel 1998, recatosi in Inghilterra per cure mediche, Augusto Pinochet venne raggiunto da alcuni mandati d'arresto, emanati sulla base delle richieste d'estradizione della Reale Procura spagnola in virtù del principio della punibilità universale dei crimini internazionali enucleato a Norimberga. Mentre il *Queen's Bench Division* (organo amministrativo di polizia, incaricato sia di convalidare gli arresti sia di stabilire in concreto la pena da scontare) annullò i mandati, il *Crown Prosecution Service* (*CPS*, procura generale del Regno Unito), decise di appellarsi alla *House of Lords, la quale*, dopo un *iter* in realtà piuttosto travagliato, confermò parte delle accuse convalidando l'estradizione. L'evento secondo Ferrarese delineò «per la prima volta con chiarezza quell'intesa giudiziaria tra corti di paesi e tradizioni giuridiche diverse [...]»; M.R. Ferrarese, *Diritto sconfinato. Inventiva giuridica e spazi nel mondo globale*, Laterza, Bari 2006, p. 122.

[59] A. Slaughter, *A New World Order,* Princeton University Press, Princeton 2004, p. 78; sul tema cfr. K.W. Abbot, D. Snidal, *Hard and Soft Law in International Governance,* in «International Organization», 3, 2000.

M. Bevir, *Democratic governance,* Princeton University Press, Princeton 2010; M. Bevir, *A theory of governance,* University of California Press, Berkeley 2013; A. Arienzo, *La governance,* Ediesse, Roma 2011.

Stone Sweet individua tra i tratti tipici di questa *governance* giudiziaria la tendenza a far coincidere il giudice con il soggetto che dà le regole, dato che in tale quadro decidere una controversia significherebbe risolvere un conflitto tra due parti e allo stesso tempo porre in essere elementi della struttura normativa [60].

Già a partire dagli ultimi anni del XX secolo si è assistito ad un proliferare di sedi giurisdizionali extrastatuali, di matrice sia pubblica che privata, anche grazie ad un sostanziale mutamento degli strumenti del diritto interno. Questo costante rafforzamento della interdipendenza fra equilibri normativi inter, trans e sovranazionali ha suggerito l'immagine di un diritto sconfinato in un duplice senso: per un verso, esso deborderebbe dai confini nazionali, creando zone di sovrapposizione. In questa direzione andrebbe il costante rafforzamento del diritto internazionale, in crescita sia per il numero di istituzioni che di funzioni. Per altro verso, l'espressione 'diritto sconfinato' allude all'opacizzazione dei confini nazionali, dato che esso apparirebbe sempre più simile ad una sorta di mappa aeroportuale, uno spazio definito da linee di relazione, nel quale l'aggancio territoriale acquisterebbe rilevanza solo nei momenti di partenza e di arrivo.

Si delinea così un quadro reticolare di soggetti differenti ma in grado di agire sul diritto: corti internazionali, *law firms*, organizzazioni governative e non governative. Ognuno di essi contribuirebbe a vario titolo all'assemblaggio di un ordine giuridico globale, delineando nel complesso un quadro di dinamiche tendenzialmente orizzontali: è l'idea del passaggio dalla piramide alla rete di Ost e van de Kerchove [61], o la metafora del mondo piatto di Friedmann [62]:

[60] A. Stone Sweet, *Judicialization and the Construction of Governance,* in M. Shapiro, *A. Stone Sweet, On Law, Politics, and Judicialization,* Oxford University Press, Oxford 2002, p. 64.

[61] Cfr. F. Ost, M. Van De Kerchove, *De la pyramide au réseau? Pour une théorie dialectique du droit*, Facultés Universitaires Saint Louis, Bruxelles 2002.

[62] Cfr. T.L. Friedmann, *Il mondo è piatto. Breve storia del ventunesimo secolo*, tr. it. a cura di A. Piccato, Mondadori, Milano 2006.

immagini che insistono sull'aspetto cooperativo e paritetico delle relazioni.

Si affermano «equivalenti funzionali»[63] rispetto alla giurisdizione statale. L'espansione della giustizia arbitrale, costante fin dagli anni '70 del secolo scorso con un picco a partire dai '90, ha determinato la costituzione di una vasta cultura arbitrale, la quale si è avvalsa di una varietà di formule e di sedi. Alcune sono sedi 'istituzionali', le cosiddette *arbitration houses*, altre sono state istituite «sotto le insegne di trattati internazionali»[64]. Questa crescita di organismi giudiziari e para-giudiziari realizza un processo di giuridificazione internazionale, che permette alle imprese di richiedere sanzioni a carico degli stati, anche in caso di situazioni di non *compliance* precedentemente non tutelate. La giudiziarizzazione appare così «l'anello un tempo mancante che permette di rendere effettivi obblighi e diritti fissati nei trattati internazionali, e che assume funzioni precedentemente svolte dalla diplomazia [...]»[65].

Attraverso il linguaggio giuridico, poteri e *agency* eterogenee, anche di origine privata, potenziano la propria capacità di agire parallelamente, di concerto e perfino nei confronti degli stati, che sembrano assumere in questo modo sempre più il ruolo di attori insieme ad altri attori[66].

La scena è quella di una partecipazione paritaria, condivisa e costante, che si articola al di fuori degli istituti democratici di concezione moderna. In tale quadro si è letta una progressiva costituzionalizzazione del diritto internazionale, o almeno una più diffusa azione nella vita e nella costruzione dell'ordine giuridico globale.

Tuttavia, sarebbe un errore sopravvalutare il portato paritario e irenico di tale visione, come d'altro canto si evince dai numerosi attriti che animano la discussione pubblica e istituzionale. L'imma-

[63] M.R. Ferrarese, *Sulla governance paragiudiziaria. Arbitrati e investimenti esteri*, in «Politica del diritto», 3, 2014, pp. 375-402, p. 382.

[64] *Ivi*, p. 386.

[65] *Ivi*, p. 387.

[66] M.R. Ferrarese, *Prima lezione di diritto globale*, cit., p. 27.

gine della reticolarità non deve mascherare le sperequazioni che innervano le dinamiche di potere nel diritto globale. Più che come realizzazione di una perfetta (quanto impossibile) orizzontalità, la rete si presenta come struttura multilivello, articolata da una complessa serie di stratificazioni di potere.

Quello che si può registrare è, in ogni caso, un riemergere del carattere diffuso e comunicativo del giuridico, il cui sviluppo può ricercarsi nell'attrito delle pratiche, nell'uso costante degli elementi che costituiscono lo strumento normativo.

La sovranità conserva un ruolo tutt'altro che marginale. Anzi, come vedremo, essa risulta un perno centrale di questo nuovo quadro. Ma per comprenderne il portato va ridiscussa la sua narrazione, adottando una serie di prospettive che, senza liquidarla, la inseriscano in questo mutato e mutevole contesto istituzionale, spaziale e sociale.

Fra gli altri, Slaughter propone la visione di un ordine mondiale basato su *network government*, insiemi di soggetti ufficiali e non ufficiali in grado di produrre un ordine normativo, simile a quello dello stato, ma che attraversa i confini delle nazioni. Attori di governo che interagiscono con organizzazioni non governative, le quali sopportano responsabilità diverse nel gioco della *governance*. Un governo pluricentrico e transfrontaliero che segnerebbe uno spostamento nella struttura dello stato; un passaggio, secondo l'autrice, sottotraccia in gran parte degli studi sull'argomento, che concentrandosi sul passaggio da nazionale a globale, e da governo (*government*) a *governance*, avrebbero trascurato lo scarto tra Stato unitario a Stato disaggregato:

> «The disaggregated state sounds vaguely Frankenstinian — a shambling, headless bureaucratic monster. In fact, it is nothing so sinister. It is simply the rising need for and capacity of different domestic government institutions to engage in activities beyond their borders, often with their foreign counterparts. It is regulators pursuing the subjects of their regulations across borders; judges negotiating minitreaties with their foreign brethren to resolve complex transnational cases; and legislators consulting on the best

ways to frame and pass legislation affecting human rights or the environment»[67].

L'attività di *government* sarebbe dunque non solo ancora presente e necessaria, ma acquisterebbe una forma adeguata alla funzione di regolazione transnazionale che la nuova realtà richiede. La comunicazione fra istituzioni nazionali, attive all'interno del proprio ordinamento produrrebbe una serie di *network* in grado di esercitare una forma di governo transnazionale. In altri termini, non sarebbero esclusivamente le corti a produrre una cultura giuridica comune attraverso il costante dialogo: fenomeni di questo tipo sarebbero oggi prodotti anche da altri sistemi reticolari di istituzioni transnazionali, come ad esempio i sistemi di banche centrali. Molte funzioni di controllo un tempo esercitate dagli Stati verrebbero cioè riprodotte su un piano transfrontaliero e in modo appunto disaggregato.

Sembra eccessivo l'ottimismo di Slaughter per quanto riguarda l'effettiva capacità di tali *network* di produrre uno spazio politicamente controllabile; ottimismo forse dovuto alla preferenza che il suo punto visuale sembra accordare alla prospettiva nord-occidentale. A riprova di ciò basti considerare l'esplodere e il riacutizzarsi – a vari livelli di intensità – di conflitti geopolitici che vedono proprio negli stati gli attori principali, e nella retorica del nazionalismo la causa scatenante o la principale forma di legittimazione.

Ciò che rimane interessante è l'idea della scomponibilità delle funzioni statali, dato che tale lente rivelerebbe l'unità dello stato come il risultato di un lavoro di ri-composizione dell'attività di istituzioni e attori differenti, cooperanti all'interno di una realtà politica e territoriale tracciata dalle loro interrelazioni. Lo stato potrebbe essere dunque letto come una immagine, un racconto funzionale e concretissimo, ma scomponibile e ricomponibile a seconda dei casi. Un *Theatrum*, per usare la categoria che Bourdieu adopera a proposito dell'ufficialità. L'unità dello stato, così come l'unità di qualsiasi struttura sociale complessa, sarebbe allora nient'altro che

[67] A. Slaughter, *A New World Order*, cit., p. 12.

il racconto ufficiale della sua unità, la sua teatralità, «dal momento che l'ufficialità è il visibile, il pubblico, il teatrale» [68].

Le immagini proposte riguardo la condizione e il destino del sovrano sono tanto eterogenee quanto le esperienze giuridico-istituzionali originate dalle pratiche di *governance*. Ripensare il giuridico significa allora metterlo innanzi tutto alla prova di questi assetti e di questi problemi, stressando i confini teorici entro il quale esso è comunemente immaginato. A tale tentativo sarà dedicato il secondo capitolo di questo volume, che si concentrerà sulla lettura delle trasformazioni in atto della sovranità e sulla sua posizione all'interno degli eterogenei assetti istituzionali in formazione, attraverso differenti prospettive. Il tentativo, sarà quello di articolare un quadro delle intersezioni, delle relazioni e delle complessità con le quali le categorie della modernità devono oggi confrontarsi, attraverso l'osservazione delle pratiche, degli spazi e delle forme di organizzazione emergenti.

Prima sarà però necessario provare a fare i conti con l'elemento della conflittualità. Espulsa dalla ossessione per l'ordine unitario, propria della modernità statuale, oppure oscurata dalla sua traduzione nei termini della competizione neoliberale, la dimensione del conflitto rimane centrale nel pensiero e nella pratica della convivenza politica. A rivelarlo, ancora una volta, è la sua riemersione nei termini della violenza sociale, militare e simbolica cui stiamo assistendo.

4. *Il disvelamento del conflitto*

Il quadro di cooperazione economica e politica a livello internazionale che avrebbe dovuto, a partire dalla fine del secolo scorso, garantire pace e prosperità in proporzioni via via crescenti è stato in realtà cadenzato da non poche note stonate: contraddizioni, marginalizzazioni, costi ambientali e umani, nonché conflitti.

[68] P. Bourdieu, *Sullo Stato*, cit., p. 84; «In gioco, quindi, è l'idea che il gruppo vuole avere e dare di sé stesso»; *ibidem*.

Come accennato, l'evento costituito dalla pandemia di Covid-19 ha rivelato quelle differenze sociali, economiche, geografiche che insistono all'interno delle diverse realtà territoriali (stati, regioni del mondo) ma anche quel fitto reticolo di fratture che percorre il loro interno. Insistendo su di esse, l'emergenza ha rivelato anche una profonda e diffusa diffidenza nei confronti delle istituzioni culturali, scientifiche, giuridiche e politiche; diffidenza che è segno di una frattura nella quale si è inserito con facilità il discorso populista [69].

Il sogno irenico della globalizzazione ha subito un altro brusco risveglio il 24 febbraio 2022 quando, appena dopo una pandemia globale, una guerra campale è scoppiata nel cuore dell'Europa, inaugurando una nuova stagione di incertezza riguardo al livello di stabilità geopolitica raggiunto finora [70].

A ben guardare, l'ombra del conflitto non è mai veramente sparita dal palcoscenico globale. La catena di colpi di stato in Africa dell'estate 2023 è un segnale di questa presenza, che riaffiora carsicamente all'attenzione dei media occidentali. Lo stesso vale per l'improvvisa recrudescenza del – mai sopito – conflitto israelo-palestinese iniziata il 7 ottobre 2023, che ha fatto precipitare la regione in un vortice di violenza, instabilità e insicurezza di cui è diffici-

[69] Alcuni esempi fra tutti: la persistenza di Donald Trump nel panorama politico americano, che non sembra scalfita dalla sconfitta elettorale né dai problemi giudiziari; l'emersione di figure come Javier Milei in Argentina o Jair Bolsonaro in Brasile, che della spettacolarizzazione della politica (e per certi versi della violenza politica) hanno fatto uno dei propri caratteri distintivi. Anche in Europa, l'avanzata delle destre populiste si poggia su una retorica dell'identità e della difesa della tradizione, cui fa spesso da *pendant* una politica violentemente neoliberista.

[70] Nel 2022, per esempio *Armed Conflict Location & Event Data Project* (ACLED) ha registrato più di 2.100 episodi di violenza aventi come bersaglio ufficiali e amministratori locali, in quasi 100 paesi del mondo. La regione europea risulta per altro fra le prime ad essere coinvolte nel fenomeno, assieme al sud e al sud-est asiatico; ACLED, *Administering Violence. An ACLED Special Project on Violence Targeting Local Officials*: https:// acleddata.com/2023/06/22/special-issue-violence-against-local-officials/.

le tracciare con precisione i confini [71]. Dunque, la realtà del conflitto non ha mai smesso di incidere tragicamente sulla quotidianità di milioni di individui, ma nell'ultima manciata di anni anche l'illusione di un suo progressivo superamento sembra svanire, prima di tutto dal tenore e dai contenuti del discorso pubblico: si invoca la pace, ma si continua a preparare la guerra [72]. Gli effetti di quest'ultima vengono oggi avvertiti come più presenti e vicini anche dai punti di osservazione 'privilegiati', dato che la regione del *caos* si allarga e si complessifica, riverberando la propria eco nelle bolle di relativa sicurezza e benessere che l'ordine globale era riuscito a selezionare.

Gli scontri armati, la cui violenza è acuita e aggravata dalle nuove tecnologie, trovano giustificazione e legittimazione in discorsi identitari, nazionalistici e di appartenenza. Come accennato, all'incertezza provocata dall'imprevisto, risponde quella potente spinta identitaria di cui le varie forme di populismo si sono fatte incarnazione e strumento, irrigidendo le posizioni, provocando un ritorno alle narrazioni di un 'noi' indiviso, sclerotizzando le diverse contrapposizioni, fino a rendere impossibile qualsiasi forma di mediazione. I richiami sempre più frequenti alla nazione evocano una chiusura nei confronti dell'esterno e un richiamo all'unità 'pura' del collettivo, pensato organicamente come corpo coerente, completo, unito al proprio capo, alla propria *leadership*. Tuttavia, tale

[71] Nel 2022, secondo ACLED, i fenomeni di *political violence* sono aumentati del 27% rispetto all'anno precedente, mentre le dimostrazioni politiche sono diminuite del 12%;. ACLED, *The state of globale disorder in 2022*: https://acleddata.com/2023/01/31/global-disorder-2022-the-year-in-review/.

[72] Agli instabili scenari ucraino e mediorientale si affiancano numerosi altri contesti, nei quali conflitti militari, vulnerabilità e instabilità politico-istituzionale sono questioni endemiche, che si intrecciano per altro con le conseguenze più drammatiche del cambiamento climatico e dello sfruttamento economico. Un esempio è dato dalla complessa condizione della zona del Sahel in Africa. Sul punto cfr. fra gli altri Committee of the Red Cross (ICRC), *A conflict without borders continues out in the Sahel*, https://www.icrc.org/en/document/conflict-without-borders-continues-play-out-sahel.

omogeneità non è che l'evocazione di una finzione, o meglio ancora di una illusione, che aliena all'individuo e al collettivo il proprio potere di incidere sulla realtà sociale di cui è parte[73].

Entro tale contesto, la democrazia arretra, non tanto come istituzione giuridica quanto come pratica concreta: i livelli di partecipazione costantemente in calo e il rafforzarsi delle democrature di stampo populista segnalano la progressiva sfiducia nella capacità delle forme democratiche di rappresentare la crescente complessità sociale[74].

L'esplodere del disordine e della violenza è allora la riemersione di un rimosso che, con la sua carica perturbante, indica la direzione verso un avvenire non più certo, ma proprio per questo più autentico, perché autenticamente a-venire, da farsi. In fondo, la stessa potenza creativa del moderno nasceva dalla relazione con il vuoto offerto dalla caduta della trascendenza religiosa. È la dimensione barocca della modernità, chiamata a trovare, dalla dissoluzione delle forme del classico, nuove forme e una nuova unità. Sicuramente nelle loro singole complessità, ciascuno scenario, ciascuna istanza, ciascun problema, affonda le proprie origini e la

[73] «Il "popolo" è diventato interamente «nazionale». La contesa tra patria e classe si è chiusa a vantaggio della prima. Il nuovo «noi» nasce in immediata contraddizione con l'"altro".

E, soprattutto, affida il suo riscatto a un potere forte, a qualcuno che agisca "per il suo bene". Se proprio non si mette nelle mani di un pastore, il governo gli si offre quantomeno come "avvocato", dimostrando una concezione aberrante della democrazia. La società reale non ha ritrovato alcuna omogeneità, ma gliene viene imposta una fittizia fondata sul primato di un nome: gli italiani, i tedeschi, gli austriaci, gli olandesi e così via. Ogni autonomia, ogni aspettativa e ogni potere diffuso nel tessuto sociale vengono consegnati alla Legge incaricata di garantire l'ordine stabilito dai governanti. Ma questo popolo fittizio che galleggia su una società complessa abitata da identità multiple e stratificate non le corrisponde affatto»; M. Bascetta, *Come scardinare il fragile 'noi' su cui poggia l'odierno populismo*, in «EuroNomade», 6 agosto 2018: https://www.euronomade.info/come-scardinare-il-fragile-noi-su-cui-poggia-lodierno-populismo/.

[74] Sul tema cfr. G. Preterossi, *Ciò che resta della democrazia*, Laterza, Roma-Bari 2015.

propria dinamica in specifiche ragioni storiche, sociali, economiche e geopolitiche, la cui estensione meriterebbe una trattazione dedicata. Ma pur nelle loro differenze, esse possono forse assumere un significato complessivo, se non altro, in quanto sintomo diffuso e non più ignorabile di un malessere profondo, radicato e da troppo tempo trascurato.

Secondo Gilles Lipovetsky quella tardo-moderna è l'età del vuoto. Essa si concretizza in un restringimento del tempo tanto sociale che individuale causato dalla necessità pressante di anticipare e organizzare il tempo collettivo. In tal senso, la post-modernità costituirebbe la fase di tramonto di quella *Weltanschauung* storica animata dalla fiducia nel futuro e dall'idea di progresso che ha guidato l'Europa a partire dal XV secolo. In altri termini, la società postmoderna sarebbe caratterizzata dall'esaurimento dello slancio modernista verso il futuro e dal conseguente disincanto nei confronti delle grandi narrazioni di senso collettive [75]. Dopo la spinta verso il futuro e la fiducia nell'universalismo e nell'avanzata di un progresso non solo tecnico, saremmo oggi in un'era del vuoto, che l'iper-individualismo dell'*homo authenticus* cercherebbe di riempire? [76] Saremmo quindi al cospetto di una nuova caduta, l'ennesima dopo quella che ha costituito il crogiolo della modernità?

Si potrebbe dire che ciò che ha caratterizzato tale esperienza è il ripetuto tentativo di *mise-en-forme* dell'emergenza di una pluralità riottosa alla propria semplificazione. Ma forse è proprio la ripetizione di tali tentativi a testimoniarne il fallimento di ogni riduzione ultima. Riscoperto alle origini dell'evo moderno, lungo la stagione della riforma e della controriforma, il conflitto interno all'ordine sociale riemerge costantemente nei rivolgimenti di una stagione storica fondata su un rapporto ambivalente con la trascendenza: da un lato la ricerca dell'unità e della certezza perdute nella caduta;

[75] Cfr. G. Lipovetsky, *L'era del vuoto. Saggi sull'individualismo*, tr. it. a cura di P. Peroni, Luni, Milano 2013.

[76] G. Lipovetsky, *La fiera dell'autenticità*, tr. it. a cura di F. Peri, Marsilio, Venezia 2022.

dall'altro la consapevolezza che quell'unità ritrovata è il frutto di un artificio. Ed è con una nuova perdita di certezza che ci confrontiamo oggi, nel momento in cui il teologico-politico vacilla nei confronti dell'apertura e dalla decentralizzazione offerta dalla dimensione spaziale, cyberspaziale e perfino extra-planetaria. Si potrebbe dire che proprio la ricomparsa decisa, e spesso persino violenta, di istanze profondamente identitarie, conservatrici quando non apertamente razziste, xenofobe e omofobe, non è che una risposta a questa apertura, all'ennesimo riemergere del vuoto, al disvelamento del fondamento sfondato della storia.

Ma il vuoto rappresenta soltanto il resto monotono di una perdita? È solamente il disincanto che deriva dalla sfiducia nelle grandi narrazioni? Oppure è possibile attraversare il vuoto, vedendo in esso qualcosa di più che la nostalgia per il futuro perduto? Probabilmente sono proprio la categoria e la spazialità del vuoto che bisogna esplorare, non solo per comprendere le contraddizioni della contemporaneità, ma anche per tentare una messa in forma del sociale, che non trascuri di rappresentare la pluralità in continua trasformazione in cui si concretizzano le esperienze di vita contemporanee.

È in altri termini il problema della legittimità, così come posto da Lyotard ne *La condizione post-moderna*[77]. La fine delle grandi meta-narrazioni ha fatto emergere la impossibile auto-fondabilità di qualsiasi discorso, rinviando alla necessaria coesistenza di differenti e numericamente indefinibili 'giochi linguistici'[78]. Tentare un'omeostasi isomorfica del sistema o peggio, pensare un (impossibile) ripristino di una fondazione 'oggettiva' in grado di legittimare ogni discorso – un meta-discorso, una meta-narrazione – per Lyotard significa assumere un 'atteggiamento terroristico', cioè perseguire «una efficienza ottenuta attraverso l'eliminazione o la

[77] J-F. Lyotard, *La condizione post-moderna. Rapporto sul sapere*, tr. it. a cura di C. Formenti, Feltrinelli Milano 2015.

[78] Sul concetto di giochi linguistici cfr. ovviamente L. Wittgenstein, *Ricerche filosofiche*, tr. it. a cura di R. Piovesan, M. Trinchero, Einaudi, Torino 2009.

minaccia di eliminazione di un interlocutore dal gioco linguistico in cui si era impegnati con lui» [79]. Allora, piuttosto che la ricerca del consenso, come unità isomorfica ed eteronormativa della partecipazione secondo regole pre-date, per l'autore occorrerebbe:

> «[...] pervenire ad una idea e ad una pratica di giustizia che non siano legate a quelle di consenso.
>
> Il riconoscimento dell'eteromorfia dei giochi linguistici è un primo passo in questa direzione. Esso implica evidentemente la rinuncia al terrore, che suppone e si sforza di realizzare la loro isomorfia» [80].

Il terrore di cui parla Lyotard è forse la pulsione che spinge il molteplice a coagularsi in un'unità che si pretende aproblematica, ma che tacita l'alterità impendendole di parlare? [81] Se è così, torniamo al punto di origine della statualità moderna, a quella paura dell'uguaglianza e della vulnerabilità rilevate da Hobbes nello stato di natura. All'*horror vacui* il pensiero identitario risponde con la ricerca di un pieno e l'espulsione dell'eterogeneo. Ma tale sforzo non annulla il conflitto, anzi ne provoca la radicalizzazione, negando la possibilità della sua espressione e rappresentazione all'interno del sociale. Il fuori caotico – la terra del caos – preme alle porte dell'ordine trasfigurando le parole in armi e i disaccordi in barricate, la cui posta in gioco diventa la vita stessa.

Occorre dunque tornare a fare i conti con il vuoto originario del pensiero moderno, per farne riemergere il conflitto costitutivo che, negato tanto dalla *reductio ad unum* statuale quanto dall'apparente inclusività del capitalismo neoliberale, si manifesta in scontri violenti e comunitarismi immunizzanti. Ma ciò significa ri-problematizzare l'istituzione, interrogarne le forme fino a farne emergere la dimen-

[79] J-F. Lyotard, *La condizione post-moderna*, cit., p. 116.

[80] *Ivi*, p. 120.

[81] Sul punto cfr. anche J-F Lyotard, *Il Dissidio*, tr. it. a cura di A. Serra, Feltrinelli, Milano 1985.

sione dinamica, problematica, produttiva, in una parola politica.

La elisione del conflitto rischia di condurre l'osservazione in quella situazione che Lefort, mutuando l'espressione da Merlau-Ponty, chiama *sguardo di sorvolo* (*surplomb*), ovvero un «[...] distacco solipsistico dell'osservatore che pretende di abbracciare in un solo colpo d'occhio e da una posizione privilegiata l'incalzante divenire della storia» [82].

Raccogliendo l'invito all'attenzione ai concetti giuridico-politici lanciato da Hart, è forse proprio nella direzione indicata da Lefort che è possibile fare un passo ulteriore, per scardinare il limite della forma giuridica come dato a-problematico, derivante dalla presupposizione ontologica dell'ordine sociale. Forse, ripoliticizzare il concetto di istituzione e, per estensione, spiegare il dinamismo insito nelle forme giuridiche, implica considerare la dualità del sociale, cioè la scissione originaria che percorre qualsiasi forma di vita associata. Ciò comporta però una rinuncia a qualsiasi fondamento pieno della trascendenza, il rivolgersi alla scissione e al conflitto per trovare un fondamento eternamente ripensabile, privo tanto delle garanzie quanto dei vincoli di una visione necessitante metafisicamente fondata [83].

[82] D. Malinconico, *L'incertezza democratica. Potere e conflitto in Claude Lefort*, La scuola di Pitagora, Napoli 2020, p. 49; sulle possibili consonanze fra le posizioni di Lyotard e Lefort si rinvia a P.F. McKinlay, *Postmodernism and Democracy: Learning from Lyotard and Lefort*, The Journal of Politics, 60 (2), 1998, pp. 481-502.

[83] A partire dalla metà del '900, l'ipotesi post-fondazionista ha trovato proprio nell'assenza di fondamento ultimo (*ultimate ground*) la chiave interpretativa di un pensiero politico chiamato a confrontarsi con un pluralismo di valori, visioni e immaginari sempre più capillare. È importante ricordare che post-fondazionismo non è sinonimo di anti-fondazionismo, e che l'assenza di fondamento ultimo non implica l'assenza di qualsiasi fondamento. Come sintetizza Marchart: «The problem is therefore posed not in terms of no foundations (the logic of all-or-nothing), but in terms of contingent foundations. Hence, post-foundationalism does not stop after having assumed the absence of a final ground and so it does not turn into anti-foundationalist nihilism, existentialism or pluralism, all of which would assume the absence of any ground and would result in complete meaninglessness, abso-

Nel tentativo di individuare il grande cambiamento storico rappresentato dalla rivoluzione democratica, Lefort scorge proprio nella dualità la chiave del politico. Per l'autore esso è un movimento generatore, il principio che determina la rappresentazione che la società ha di sé stessa. Tuttavia, quest'ultima rimane una *quasi*-rappresentazione, proprio in virtù dell'impossibilità, da parte dei soggetti coinvolti, di raggiungere quel punto di *surplomb* che la renderebbe pienamente intellegibile. Dunque, nel lessico lefortiano il politico istituisce la società, attraverso un processo di *mise-en-forme*, *mise-en-sens* e *mise-en-scène* che ha il suo punto di svolta rivoluzionario nella nascita della democrazia. Per questo la democrazia moderna è l'unico regime in grado di esprimere lo scarto tra simbolico e reale, grazie alla presenza di un potere di cui nessuno può impadronirsi. La virtù della democrazia consiste nel ricondurre la società alla prova della sua istituzione, poiché dove si profila un luogo vuoto, non vi è connessione possibile tra il potere, la legge e il sapere, né esiste enunciazione del loro fondamento. L'essere del sociale si sottrae o, meglio, si dà nella forma della ricerca interminabile e i criteri ultimi della certezza cedono il passo ad una dinamica costante di ridiscussione e confronto [84].

È a partire dalla sua originale lettura di Machiavelliche Lefort ritrova tale scissione sociale originaria [85]. Come scrive nel *Le travail de l'œuvre. Machiavel*:

lute freedom or total autonomy. Nor does it turn into a sort of post-modern pluralism for which all meta-narratives have equally melted into air, for what is still accepted by post-foundationalism is the necessity for some grounds»; O. Marchart, *Post-Foundational Political Thought. Political Difference in Nancy, Lefort, Badiou and Laclau*, Edinburgh University Press, Edinburgh 2007, p. 14.

[84] C. Lefort, *Permanence du théologico-politique?*, in «Les temps de la réflexion», 2, 1981, pp. 13-60.

[85] L'attenzione quasi ossessiva di Machiavelli per la dualità riemerge in ogni sua pagina, a partire dallo stile del fiorentino. Tanto che Asor Rosa ha proposto di chiamare quella di Machiavelli «logica dilemmatica»: un modo di procedere imperniato sulla contrapposizione netta fra due elementi che non trovano mai sintesi,

«C'est bien d'une opposition constitutive du politique qu'il faut parler, et irréductible à première vue, non d'une distinction de fait, car ce qui le Grands sont les Grands et que le peuple est le peuple ce n'est pas qu'ils aient par leur fortune, par leur mœurs, or leur fonction un statut distinct associé à des intérêts spécifiques et divergents; c'est Machiavel le dit sans ambages, quel es uns désirent commander et opprimer et les autres ne l'être pas» [86].

Il riferimento più evidente è al noto capitolo IX del Principe, dove Machiavelli introduce la 'teoria degli umori':

> El principato è causato o dal populo o da grandi secondo che l'una o l'altra di queste parte ne ha l'occasione: perché, vedendo e grandi non potere resistere al populo, cominciano a voltare la reputazione a uno di loro e fannolo principe per potere sotto la sua ombra sfogare il loro appetito; il populo ancora, vedendo non potere resistere a' grandi, volta la reputazione a uno e lo fa principe per essere con la sua autorità difeso» [87].

In questo brano, il fiorentino propone una contrapposizione radicale fra due *desideri* divergenti e fra loro irriducibili, che tuttavia sarebbero eternamente presenti nella 'città': da un lato l'ambizione al dominio, dall'altro l'aspirazione alla libertà. All'interno de corpo sociale, in altri termini, si contrapporrebbero eternamente e costantemente l'affermazione illimitata dei dominanti e la rivendicazione del popolo, puramente negativa, di non essere oppresso.

Lungi dal disintegrare la società come avviene nelle teorie identitarie, tale frattura è esattamente ciò che fonda la convivenza; anzi,

ma richiedono una scelta per la prosecuzione della trattazione. A. Asor Rosa, *Machiavelli e l'Italia. Resoconto di una disfatta*, Einaudi, Torino 2019.

[86] C. Lefort, *Le Travail de l'oeuvre: Machiavel*, Gallimard, Paris 1972, p. 382.

[87] N. Machiavelli, *Il Principe*, in Id., *Tutte le opere*, a cura di M. Martelli, Sansoni, Firenze 1971, p. 271. Sul tema cfr. L. Baccelli, *Critica del repubblicanesimo*, Laterza, Roma-Bari 200; D. D'Andrea, *Il realismo politico come immagine del mondo e postura politica*, in «Politica&Società», 3, 2021, pp. 325-354.

con-vivere implica la compresenza e il confronto permanente fra queste istanze. La conseguenza è un vivere in comune mai del tutto pacificato, un "corpo" sociale attraversato da una frattura, da un *vuoto* che non può essere ricucito, ma solo controllato dal principe. Da ciò deriva la sua differenza rispetto alla figura del leviatano: mai assoluto, mai sciolto dal confronto con le esigenze di quella società che si propone di governare, il principe e le sue leggi devono tener conto dell'agitarsi di questi due umori contrapposti:

> «E però non è cosa che faccia tanto stabile e ferma una repubblica, quanto ordinare quella in modo che l'alterazione di quegli omori che l'agitano, abbia una via da sfogarsi ordinata dalle leggi» [88].

Machiavelli torna sull'argomento nel quinto capitolo del primo libro dei *Discorsi*, nel quale si interroga su «dove, più, sicuramente, si, ponga, la, guardia, della, libertà, o nel popolo o ne' grandi». Lefort vede in queste pagine un confronto fra «tesi democratica liberale» e «tesi aristocratica conservatrice». La brama di conservare, tradizionalmente attribuita ai grandi, non è che un inganno. Dato che nessun desiderio può essere pienamente soddisfatto, la sete di potenza e di possesso, propria dei grandi, è da considerarsi insaziabile e dunque i grandi non sono adatti a costituire una buona guardia alla libertà di una repubblica [89].

[88] N. Machiavelli, *Discorsi sopra la prima deca di Tito Livio*, in Id., *Tutte le opere*, a cura di M. Martelli, Sansoni, Firenze 1971, p. 87.

[89] La preferenza di Machiavelli per una alleanza del principe con il popolo è d'altro canto chiara anche nel seguente passo del Principe, nel quale, subito dopo aver stabilito la divisione originaria fra grandi e popolo, l'autore scrive: «Colui che viene al principato con lo aiuto de' grandi si mantiene con più difficultà che quello che diventa con lo aiuto del populo, perché si trova principe con di molti intorno che gli paiono essere sua equali, e per questo non gli può né comandare né maneggiarea suo modo. Ma colui che arriva al principato con il favore populare vi si trova solo e ha dintorno o nessuno o pochissimi che non sieno parati a ubbidire. Oltre a questo, non si può con onestà satisfare a' grandi e sanza iniuria di altri, ma

La stabilità stessa dell'assetto repubblicano deriva dalla presa in carico istituzionale del conflitto originario che agita la convivenza. Ne consegue che la conflittualità non può essere espulsa nel momento di un accordo fondativo, ma è vista come permanente all'interno dello spazio sociale, e di conseguenza deve essere formalizzata in un assetto normativo-istituzionale che governi le parti dei cittadini.

Sebbene in molti passi dell'opera di Machiavelli, il principe sembri stagliarsi solitario nel compito di ordinare la repubblica, la sua figura è costantemente attraversata dalla dualità del conflitto originario: le sue descrizioni si rivelano un insieme di elementi contrapposti ma coesistenti: volpe e leone, uomo e bestia, deve padroneggiare entrambe le modalità della lotta: le leggi e la forza. Soprattutto, il principe deve affidarsi a due elementi distinti e contrapposti: la propria virtù, intesa come conoscenza e discernimento delle cose della Storia, e la fortuna, il caso, il modificarsi storico e immanente degli eventi. Né tutta virtù, né tutta fortuna dunque, il principe è chiamato ad esercitare piuttosto «una astuzia fortunata».

Non a caso Machiavelli evoca per il principe la figura del Centauro: essere ibrido, che unisce in sé animalità e umanità, violenza e controllo, il centauro di Machiavelli è il maestro del principe poiché è da lui che chi ordina la repubblica deve imparare a domare la convivenza instabile delle due anime, dei due umori. Il centauro diviene la rappresentazione di un ordine che, per durare, deve farsi carico del proprio conflitto interno, utilizzando entrambi gli aspetti

sì bene al populo: perché quello del populo è più onesto fine che quello de' grandi volendo questi opprimere e quello non essere oppresso. Praeterea, del populo inimico uno principe non si può mai assicurare per essere troppi; de' grandi si può assicurare per essere pochi. El peggio che possa aspettare uno principe dal populo inimico è lo essere abbaondato da lui; ma da' grandi inimici non solo debbe temere di essere abbandonato, ma etiam che loro li venghino contro; perché sendo in quelli più vedere e più astuzia, avanzano sempre tempo per salvarsi e cercano gradi con quello che sperano che vinca. È necessitato ancora el principe vivere sempre con quello medesimo populo, ma può bene fare sanza quelli medesimi grandi, potendo farne e disfarne ogni dì, e torre e dare a sua posta reputazione loro»; N. Machiavelli, *Il Principe* in Id., *Tutte le opere*, a cura di M. Martelli, Sansoni, Firenze 1971, p. 271.

della sua doppia natura per domare una realtà riottosa a qualsiasi stabilità. Il principe allora deve «avere per precettore uno mezzo bestia e mezzo uomo» poiché deve «sapere usare l'una e l'altra natura; e l'una sanza l'altra non è durabile» [90].

Questa ibridazione di elementi contrapposti rimanda a sua volta ad una assenza: quella di una natura umana che possa garantire una verità – seppure minimale – su cui costruire un ordine pacifico, sebbene attraverso l'artificio razionale. Proprio a proposito del ruolo che la teoria degli umori riveste in Machiavelli, Lefort evidenzia come egli non proponga alcuna ipotesi antropologica sulla natura umana. Come giustamente nota Marchart:

> «Even if this were the case, the positive 'content' of these assumptions would not affect the argument as to the originary division, since the latter is construed in merely 'negative' fashion: Lefort observes that the nature of the two humours, and, as a consequence, of the two classes is entirely relational. Their very existence is based on their confrontation. Resolve this originary confrontation and, together with society, the identity of the two classes will disappear, since they exist only by virtue of their mutual confrontation» [91].

Se nemmeno la natura umana può garantire la costruzione istituzionale, l'unica speranza di (relativo) ordine rimane la capacità di prendere in carico quello stesso negativo originario: includere quella dualità nel cuore stesso dell'ordine sociale. Libertà e dominio, legge e potere, forma e *dynamis*, diritto e politica, formano una serie di diadi inscindibili che ruotano attorno ad un luogo del potere che rimane vuoto.

Per Lefort allora, il politico è il 'fotografare', cioè il processo di istituzione, di *messa in-forma* del conflitto. Ma tale formalizzazione può avvenire solo in virtù dell'esistenza di quel 'fotografo' che

[90] *Ivi*, p. 283.

[91] O. Marchart, *Post-Foundational Political Thought*, cit., p. 100.

è il potere, quel 'luogo altro' che funge da mediatore simbolico delle contraddizioni [92].

Nella maggior parte dei casi però, tale *mise-en-scene* e *mise-en-forme* del potere oscura quel conflitto originario da cui emerge l'immagine dell'ordine, rappresentando il fantasma di un corpo sociale perfettamente integro e indiviso, identico a sé stesso, unito al proprio capo: il fantasma dell'identità.

Tale immagine di unità, assicurata fino alla scomparsa dell'*ancient regime* dal fondamento trascendente di matrice religiosa, nella modernità viene fornito, secondo Lefort dalle ideologie. Sono queste ultime a suturare la frattura che percorre il sociale, a fornire un pieno al vuoto da cui emergono le forme della convivenza, e dunque a legittimare l'azione e la permanenza del dominio, fornendo ad esso una base positiva, sostanziale, una veridizione che proviene dagli stessi dominati.

I regimi democratici in questo senso non fanno eccezione; in essi, spiega l'autore, il ruolo del potere come mediatore del conflitto sociale non viene affatto meno, ma continua a strutturare la messa in scena che permette la rappresentazione ordinata del disordine sotteso alla convivenza. La differenza è che la rappresentazione dell'ordine avviene senza occultare la permanenza del conflitto. In altri termini, ad allontanare la democrazia da altre forme di potere è il fatto che «[…] in democracy the general condition of the absence of a positive ground is not occulted but institutionally recognized and discursively actualized» [93].

Una differenza non di poco momento, che disvela sul palco, al centro della rappresentazione, quella nuova, perturbante verità che è la sussistenza del potere come *assenza iconica*, e la conseguente istituzione di un conflitto permanente. In una parola: l'incertezza.

Per Lefort, infatti, la democrazia è il regime dell'*incertitude*, la forma di convivenza politica che fa dell'errare la sua cifra ontologica.

[92] D. Malinconico, *L'incertezza democratica*, cit., p. 292.

[93] *Ivi*, p, 107.

Quello che Lefort vede nella democrazia è un potere *aniconico*, nel quale il ruolo ordinante del simbolico non viene superato, ma può agire solo attraverso la sua indeterminazione ontologica: il trono rimane al centro della rappresentazione, ma come luogo vuoto. Tale vuoto è lo stesso che sta alle fondamenta della città, è il suo nucleo fondante, ma per una volta cambiato di posto. Piuttosto che sepolto nel tentativo disperato e distruttivo di escluderne gli effetti, esso viene mostrato, come possibilità sempre presente di ripensamento e trasformazione.

Eternamente riappropriabile e disputabile, l'ordine simbolico delle istituzioni si presenta sulla scena senza nascondere il fondo vuoto e conflittuale dal quale emerge. È proprio questo vuoto, che è l'attività politica, lo scontro formalizzato di interessi, prospettive e visioni del mondo, a rifondare costantemente la convivenza. Scoprendosi come originariamente conflittuale, la *mise-en-scène* democratica si apre dichiaratamente alle possibilità dell'istituente. Legata nella formula romaniana al diritto, ma scissa al suo interno tra l'essere e il fare, fra l'ontico e il deontico, fra il suo lato luminoso e quello oscuro, l'istituzione fa emergere anche del giuridico la tensione intravista dalla visione sincretica di *internal* and *external point of view*, smascherandone l'ineludibile fondo politico [94].

[94] «Tale riconoscimento si risolve nella constatazione (presenza quindi del punto di vista esterno) che nel gruppo, tra i consociati, nella società in genere, esista un *quid* che si esprime, si esterna in un qualche prescrivere, in una qualche direttiva che per essere compresa necessita dell'assunzione del punto di vista interno. Il cosiddetto discorso esterno-interno, tipico di colui il quale vuole fare una serie di affermazioni sul modo in cui i consociati considerano le norme di condotta, non si vede perché non possa essere anche il metodo dei consociati stessi». A. Catania, *Decisione e norma*, Castelvecchi, Roma 2022, p. 98. Più avanti, a proposito della relazione fra punto di vista esterno-interno e democrazia, Catania scrive: «Non c'è separazione ma compresenza, [...] fra consociati e funzionari nell'uso di un punto di vista esterno-interno: punto di vista che anticipa l'intuizione di un *hermeneutic point of view* formulato all'interno del neo-istituzionalismo di Neil MacCormick e che amplifica la partecipazione democratica, mostrando come, in definitiva, il diritto risieda nell'incontro/scontro che genera la sua costruzione sociale»; *ivi*, p. 176.

Capitolo Secondo

Spazi

1. *Confini e sovranità: il significato dei nuovi muri*

Abbiamo visto quanto l'idea dello spazio limitato, e dunque del confine, sia fondamentale nella costruzione – e nella comprensione – dell'equilibrio moderno statalista, nonché nella produzione dello *Ius publicum europaeum*.

Più in generale, il rapporto con lo spazio è elemento fondamentale e caratterizzante per qualsiasi forma o esperienza storico-istituzionale e normativa, nel senso biunivoco di una reciproca influenza. Se da un lato infatti la dimensione della norma può essere considerata come il mezzo fondamentale per la definizione dello spazio sociale, dall'altro la conservazione o il mutamento dello spazio materiale non può non riverberare – spesso in maniera violenta – sull'assetto giuridico istituzionale che lo ha prodotto [1].

L'importanza centrale assunta dal tema nel dibattito giuridico e politico contemporaneo è per altro evidenziata da un insieme di fenomeni molto drammatici, tra cui la prepotente ricomparsa dei muri e una generalizzata tendenza alla chiusura dei confini. Tale fenomeno sembra apparentemente paradossale, se accostato alla grande

[1] Cfr. C. Schmitt, *Il Nomos della Terra nel diritto internazionale dello «Jus publicum europeaum»*, tr. it. a cura di E. Castrucci, Adelphi, Milano 1991. Qui Schmitt indica una vera coincidenza tra legge e confine, proprio a partire da un'analisi etimologica. L'originale significato della parola *νόμος* (legge) in greco è ricondotto dall'autore all'atto di misurare e dividere il terreno. La legge dunque, come atto di misurazione produce lo spazio all'interno del quale essa può avere significato. Sull'argomento, da una prospettiva diversa cfr. anche Y. Thomas, *Il valore delle cose*, tr. it. a cura di M. Spanò, Quodlibet, Macerata 2015.

apertura delle frontiere, all'aumento di dialogo e alla stretta interconnessione in cui si sostanzia la globalizzazione; contraddizione particolarmente visibile e stridente in un continente come quello europeo, che a partire dalla fine del XX secolo ha ripensato la propria identità attraverso l'abbattimento di un muro, e che oggi invece sembra sempre più impegnato a costruirne di nuovi[2]. In un'epoca di forti interdipendenze tra territori distanti e reti di scambio internazionali, in cui la tecnologia informatica e bellica rende evanescenti le linee di demarcazione fra paesi, il rafforzamento materiale dei confini appare come il ricordo anacronistico di un'era precedente. Eppure l'apparato di recinzioni e strutture di contenimento destinate a dividere l'esterno dall'interno torna ad essere una presenza costante nel discorso politico, nonché sempre più spesso una presenza ingombrante nella realtà degli spazi transfrontalieri di tutto il pianeta.

Partendo da questa relazione profonda e biunivoca, Wendy Brown ha posto sotto osservazione le attuali condizioni e il ruolo del confine nazionale, al fine di ricavare una prospettiva privilegiata sulla condizione della sovranità degli stati di fronte all'avanzare dell'era globale. L'analisi ha messo in evidenza quanto la comparsa di nuovi muri transfrontalieri non solo non contraddica ma addirittura accompagni il processo di globalizzazione[3]: dalla nota barriera di confine tra Stati Uniti e Messico, al muro Israelo-Palestinese, l'ansia di recinzione in funzione securitaria attraversa il globo, proprio nel momento in cui fitti scambi economici e informatici collegano realtà distanti, mettendo in discussione le divisioni territoriali dell'ordine nazionale. Partendo da questa apparente contraddizione, l'autrice fa ri-emergere il legame profondo che unisce so-

[2] G.M. Labriola, *Muros y confines: una reflexión sobre el renacimiento de la idea de límite*, in «Soft Power», 9, 2017, pp. 120-137, p. 123. Sul rapporto tra diritto e spazio cfr. anche G.M. Labriola, *Nuovi spazi, nuovi diritti*, in Id., (a cura di), *Filosofia, politica, diritto. Studi in onore di Francesco M. De Sanctis*, Editoriale Scientifica, Napoli 2014, pp. 267-304.

[3] W. Brown, *Stati murati. Sovranità in Declino*, cit., p. 21.

vranità e territorio, stato e sicurezza, mostrando il filo sottile che congiunge costantemente lo stato ai propri cittadini.

Riprendendo evidentemente la linea teorica di Carl Schmitt, Brown parte dall'assunto che:

> «la decisione [...] è la modalità dell'azione politica perché il politico stesso è sovrano, non è soggetto né alle norme né alla legge, non è responsabile nei confronti di nient'altro e non deriva da nient'altro»[4].

La competenza fondamentale del politico è la decisione *beyond the pale* sull'amico e il nemico, cioè la decisione originaria ed assoluta che tagliando lo spazio, separa l'interno dall'esterno, pone il confine tra ciò che fa parte della comunità, dell'ordine sovrano e ciò che ne è escluso. All'interno del territorio così definito, la sovranità implica una perfetta autonomia da qualsiasi potere in gioco nel proprio territorio, compreso il potere religioso ed economico. Da questa esigenza origina il carattere teologico del sovrano: «a livello teorico la sovranità politica ricorre sempre a una struttura con le sue implicazioni teologiche, che impersonifichi, bandisca, uccida o serva Dio»[5]. L'esistenza stessa della sovranità, in quanto potere autonomo e sovraordinato sarebbe incompatibile con qualsiasi altro potere che si ponga su un livello paritario. Essa è «potere politico supremo e imprescrittibile»[6]. In Hobbes il momento del riconoscimento (*Owe*) deve essere immediatamente superato, nascosto, affinché il dio artificiale possa presentarsi come autentico e pretendere una assoluta legittimità. Una legittimità che gli viene proprio da coloro sui quali viene esercitata:

> «Le formulazioni schmittiane della sovranità e del politico sono interdipendenti, e l'idea della sovranità politica replica il concetto

[4] *Ivi*, p. 50.

[5] *Ivi*, p. 57.

[6] *Ibidem*.

di dominio divino su tutte le cose, o, come dice Bodin, la sovranità politica 'imita' la sovranità religiosa»[7].

Interdipendenze e *agencies* globali indeboliscono la capacità dello stato di porsi come sintesi politica, come sede della decisione imperscrutabile. L'insicurezza conseguente investe l'individuo, la cui coerenza era in qualche modo assicurata e difesa dall'appartenenza alla comunità descritta/decisa dal sovrano. Lo stato tenterebbe allora di tornare al proprio nucleo teologico, provando a ripristinarlo attraverso la messa in scena, lo spettacolo del muro, segno concreto della decisione sulla quale si fonda il potere sovrano. Nel momento in cui viene messo in discussione, lo stato-nazione rievoca il proprio nucleo più profondamente teologico, ma nel farlo attinge a risorse che finiscono per indebolire quella stessa rappresentazione.

Spesso, ad esempio, è la cultura religiosa ad essere usata come risorsa unificante. Ma da un lato le religioni stesse hanno carattere transnazionale, e dunque contribuiscono a rafforzare appartenenze e legami che si muovono sopra le teste degli stati, attraversando i loro territori. Dall'altro le loro interpretazioni e implicazioni sono differenti anche all'interno dei singoli stati, fornendo un ulteriore motivo di frammentazione, rendendo ancora più difficile la sintesi decisoria.

Persino peggiore risulta il ricorso alla logica economica come fonte di legittimazione delle politiche nazionali, dato che il capitale, nell'analisi di Brown, si contrappone apertamente alla sovranità statale, in quanto suo contendente nella pretesa di obbedienza, dato che, grazie alla sua ubiquità, riesce a delinearsi alla stregua di una sovranità globale emergente; irresponsabile e selvaggio, il capitale tende a divenire una forza perpetua e assoluta che si sottrae alla portata del *nomos*.

Eppure il capitale non decide. Non avendo né la competenza né il carattere distintivo attribuiti da Schmitt alla sovranità politica, sarebbe una sorta di «sovranità senza sovrano». Anzi:

[7] *Ivi*, p. 68; sul punto, cfr. M. Nicoletti, *Trascendenza e potere. La teologia politica di Carl Schmitt*, Morcelliana, Brescia 1990.

«per certi versi, forse, il capitale è più simile a Dio di quanto siano mai stati i sovrani politici moderni, perché somiglia a un potere divino di produrre il mondo in assenza di deliberazione o calcolo» [8].

Di fronte a questo attacco combinato di frammentazione interna e concorrenza esterna, gli stati sarebbero sempre più privi di sovranità: attori inseriti all'interno di complesse logiche economiche, sociali e geostrategiche che non riescono pienamente a dominare o regolare. L'autonomia del politico, la sua capacità di essere decisore inoppugnabile di ultima istanza, è per Brown da un lato l'elemento costitutivo della sovranità politica, dall'altro una finzione operativa. Ne consegue che riattingere al nucleo teologico della sovranità significa ripristinare tale finzione, renderla nuovamente operativa attraverso una sorta di messa in scena fisica della decisione schmittiana.

Il muro diventa allora il mezzo retorico attraverso il quale mostrare la scissione sovrana fra un 'dentro' sicuro, ordinato e soprattutto rassicurante – poiché identico a sé stesso – e un 'fuori' caotico e distruttivo, che preme alle porte per frammentare l'ordine interno e travolgerne l'identità.

I muri tagliano e insieme ripristinano, cioè separano interno ed esterno, assicurando coerenza tanto al macro-soggetto stato quanto al micro-soggetto individuale [9]. Sono in altri termini un tentativo di ritracciare tanto l'identità della comunità quanto quella dell'Io.

Se il sovrano è la composizione dei propri sudditi, senza i quali non avrebbe né potere né esistenza, osservato da vicino il corpo dello stato rischia di scomporsi in una moltitudine di individualità differenti, di istanze incoerenti, contrapposte e irriducibilmente conflittuali. Proprio per escludere questa conflittualità, gli individui

[8] *Ivi*, p. 61.

[9] *Tagliare* è qui da considerarsi alla luce della sua valenza originaria, in quanto derivazione del latino de-caedere, tagliare, tagliare via. L'origine etimologica ben fa emergere la carica di scissione, scelta e sacrificio che la decisione porta sempre con sé. De-cidere significa così innanzitutto escludere, distinguere un dentro da un fuori, una appartenenza alla luce di una espulsione; in quell'ottica binaria che è tipica del maturo diritto moderno.

liberi si fanno sudditi, sottomettendosi ad un sovrano investito del loro stesso potere, della somma delle loro libertà naturali: la moltitudine si assoggetta ad un capo, che ne organizza la *potenza* in *potestas*, rivolgendola contro sé *stessa*[10]. Il mezzo per garantire l'attuazione e l'operatività dell'accordo è quindi proprio l'apparenza del potere sovrano, la narrazione della sua coerenza, il racconto del suo ordine e della sua esistenza. Il gioco può reggere solo se la rappresentazione su cui si fonda non mostra incrinature. Il sovrano è un'apparizione tanto più potente e reale quanto più potere e realtà gli stessi sudditi gli attribuiscono, assoggettandovisi.

Il muro ripristina l'evidenza di questa rappresentazione nel momento della sua evanescenza, materializza concretamente i bordi prodotti dalla finzione della *reductio*, contribuendo alla costruzione «dell'immaginario di una nazione integra, a cui dovrebbe corrispondere una sovranità altrettanto integra»[11]. Al fine di mettere in scena l'unità perduta, il rafforzamento dei confini spezza «la realtà dell'interdipendenza globale e del disordine globale mettendo in scena l'integrità, l'autonomia e l'autosufficienza della nazione»[12].

I muri agiscono realizzando due ordini di fantasie rassicuranti per chi sta all'interno del territorio recintato: incarnano da un lato fantasie di impermeabilità, dall'altro di innocenza e purezza.

A favore del primo ordine di immagini, i muri ripristinano la perduta protezione provocata dall'attenuarsi dell'orizzonte di senso nazionale. Se la realtà globalizzata rende evanescente la sovranità statale, essa diventa incapace di rappresentare la nazione e il soggetto. Ciò minaccia la sicurezza di un soggetto individuo la cui

[10] Riprendendo le tesi di Spinoza, Nunes evidenzia come questo rapporto contraddittorio fra *potentia* e *potestas* sia un problema insito in ogni organizzazione. La possibilità di agire e di incidere politicamente richiede una certa concentrazione di potere, che tuttavia tracimando in *potestas*, può rivoltarsi contro la sua stessa fonte, cioè la *potentia* sociale da cui deriva. R. Nunes, *Neither vertical nor Horizontal*, cit., p. 36.

[11] W. Brown, *Stati murati*, cit., p. 108.

[12] *Ivi*, p. 109.

coerenza poggia sulla identificazione nella comunità dello stato-nazione. Dunque il muro funziona come una sorta di «[...] feticcio che influenza tutti, dallo Stato al soggetto, con la sua promessa di una potenza ritrovata» [13].

Ma il muro evoca anche l'immagine di una nazione in pericolo, 'sotto assedio', che deve difendersi da un 'fuori' aggressivo e minaccioso. In questo senso, spiega Brown, i muri possono nascondere l'aggressione sotto l'apparenza di una difesa necessaria:

> «nel momento in cui i discorsi di tipo razzista che giustificano il colonialismo, la naturalizzazione delle gerarchie e le ingiustizie globali hanno una facile egemonia, i movimenti globali di persone e di capitali hanno sgretolato i mondi separati in cui vivono le popolazioni prodotte da queste stratificazioni [...]. Il risultato è un mondo di estrema e profonda disuguaglianza, senza più discorsi forti di legittimazione» [14].

Il muro funge allora autenticamente da schermo per chi vuole pensarsi equanime e corretto, poiché rappresenta la disuguaglianza come invasione illegale.

Il rafforzamento dei confini assolverebbe alla funzione narrativa di un rassicurante ripristino della coerenza nazionale, proprio mentre le interdipendenze globali mettono in discussione l'autonomia della sovranità, e il senso di protezione e coerenza soggettiva che gli individui ne ricavavano.

L'equilibrio dello stato-nazione è costituito proprio grazie alla delimitazione dello spazio entro il quale la sovranità può esercitare il proprio potere di produzione e gestione dei diritti. La costruzione di una tale sicurezza passa ovviamente attraverso la proposizione di uno schema astrattizzante, in grado di riunire sotto un'unica appartenenza giuridico-politica soggetti provenienti da diversi ordini normativi. L'astrattezza della legge e l'*égalité* squisitamente for-

[13] *Ivi*, p. 124.

[14] *Ivi*, p. 129.

male della rivoluzione furono lo strumento e insieme il precipitato di quest'opera di unificazione. L'esigenza esistenziale del sovrano è quella di costituire e limitare – costituire limitando – l'orizzonte culturale, assiologico e perfino antropologico dei propri sudditi, così che nessun riferimento alternativo o eterodosso possa sfidarne l'autorità [15].

L'intera stagione della modernità giuridico-politica è stata fortemente debitrice della dissimulazione storica operata sulla molteplicità del reale, dell'eclissi di altri possibili orizzonti di senso, potremmo dire in una parola, della dimensione del virtuale:

> «La sovranità politica è sempre stata una sorta di finzione, in particolare nelle democrazie, dove la sovranità oscilla tra formulazioni popolari e assolutiste e quindi tra un'astrazione che le attribuisce il popolo e un'abrogazione della democrazia che le attribuisce il potere autonomo dello Stato. Il disgiungimento del potere sovrano dallo Stato nella tarda modernità rivela in modo più patente questa finzione» [16].

Questo tentativo di ripristinare il monopolio della sovranità statuale attraverso il rafforzamento fisico dei confini nazionali è per l'autrice piuttosto ingenuo, finendo per sortire l'effetto contrario, cioè quello di cedere spazio ad agenzie di senso non-nazionali (religione, economia, gruppi di cittadini che privatizzano funzioni di sicurezza e controllo). Al contempo però sottolinea la sensibilità della realtà statuale alla percezione che la collettività ha di sé stessa.

La prospettiva di Brown finisce tuttavia per assegnare un ruolo piuttosto limitato tanto al sovrano quanto al confine. Il primo viene

[15] Oltre alla ben nota questione dei miracoli e del loro uso, affrontata nel capitolo XXXII, Hobbes mette in guardia anche dal pericolo rappresentato dallo studio di altri modelli istituzionali nel capitolo XXIX: «E quanto alla ribellione contro la monarchia, in particolare, una delle cause più frequenti di essa è la lettura dei libri di politica e delle storie degli antichi Greci e Romani [...]». T. Hobbes, *Leviatano*, cit., p. 346.

[16] W. Brown, *Stati murati*, cit., p. 66.

in fondo ritratto nell'atto di ritirarsi, nel suo preteso arroccamento di fronte alla marea montante dell'esterno globale. Il confine è invece colto nella sua coincidenza con il muro, come spazio scenico, che ospita la teatralizzazione del teologico-politico nel punto del suo indebolimento. Gli studi sulla categoria di teicopolitica ad esempio, sottolineano come il muro sia una tecnologia complessa e con diverse funzioni. Accanto a quella della teatralizzazione della sovranità e della definizione identitaria, regolano e influenzano la circolazione dei corpi e dei capitali in base ad una logica razionale e produttiva, superando in questo senso la dimensione esclusivamente tragica e tanatopolitica per rivelarsi dispositivi biopolitici produttivi in grado di amministrare relazioni di potere [17].

Per il momento, ciò che è utile sottolineare nella prospettiva di Brown, è l'emersione della centralità dell'elemento immaginativo nella fondazione e nella conservazione dell'unità sovrana. La finzione sembra avere un ruolo centrale nell'operatività e nell'esistenza della realtà sovrana: lo stato in questo senso non sarebbe altro che un discorso, ma è proprio questo discorso a rendere possibile la realtà dello stato. In altre parole, l'analisi della teatralità del muro fa riemergere il nucleo narrativo dell'ordine statuale, e più in generale l'importanza della credenza nel funzionamento di un ordine sovrano. *En passant*, il concetto di finzione, nel senso di realtà storicamente costruita dalla conoscenza e dalla volontà umana, strutturazione di un ordine di senso, potrebbe rivelarsi come chiave di demistificazione continua contro il tendenziale naturalizzarsi di ogni esperienza istituzionale, politica e normativa, riconsegnandola alla transitorietà della propria collocazione storica. "Finzionale" cioè, sarebbe il modo di agire della norma e sulla norma, dato che quest'ultima riuscirebbe a in-formare il piano strettamente sostanziale proprio in quanto costruzione di un piano di realtà non perfettamente coincidente con esso. Attraverso questa lente è forse possibile aggiungere consapevolezza alla rappresentazione dell'ordine

[17] Sul punto cfr. S. Rosière, R. Jones, *Teichopolitics: Re-considering Globalisation Through the Role of Walls and Fences*, in «Geopolitics», 17, 2012, pp. 217-234.

istituito, osservandone la realtà come dato convenzionale e provvisorio, evitandone la tendenza (e la tentazione) a cristallizzarsi in naturalizzazioni alienanti [18].

2. *Il globale come assemblaggio post-nazionale*

Il cambio di paradigma al quale assistiamo passa attraverso una riconfigurazione della scalarità nazionale. Sebbene sembrino fenomeni disincarnati e despazializzati, i flussi economici, informatici e di persone che attraversano il mondo globale poggiano su strutture e istituzioni localizzate, che però descrivono un complesso spaziale non coincidente con le nette divisioni westfaliane. La precedente spazialità nazionale tuttavia non scompare, ma rimane sottoscritta alla geografia mobile dei flussi, contribuendo a costruire uno scenario complesso, in cui *hard* e *soft power* si intersecano.

Saskia Sassen attribuisce all'insieme dei processi in atto a partire dagli anni '80 su scala globale il nome di denazionalizzazione: la rimodulazione del vecchio assemblaggio nazionale di territorio, autorità e diritti (TAD) [19]. Partendo dal presupposto che «di rado il nuovo nella storia è semplicemente *ex nihilo* e, al contrario, esso è

[18] Sul concetto di finzione nella tradizione del diritto cfr. Y. Thomas, *Fictio Legis*, tr. it a cura di G. Lucchesini, Quodlibet, Macerata 2016; Y. Thomas, J. Chiffoleau. *L'istituzione della natura*, tr. it. a cura di G. Lucchesini, D. Pettinicchio, Quodlibet, Macerata 2020; P. Napoli (a cura di), *Les opérations du droit*, Seuil Gallimard, Paris 2011.

[19] Ovviamente anche questo assemblaggio è a sua volta il frutto di un processo di nazionalizzazione, avvenuto progressivamente tra XIII e XVII secolo, con il rafforzamento dei sovrani europei in quanto autorità centrali nei propri rispettivi territori. Tale sviluppo, spiega l'autrice, è solo uno dei possibili percorsi storico-sociali che avrebbero potuto avere luogo a partire dalle capacità sviluppate dal precedente assemblaggio feudale. L'alleanza fra nascente borghesia mercantile e corone nazionali, ebbe come risultato da un lato lo sperato indebolimento della nobiltà feudale, con conseguente erosione dei loro privilegi; dall'altro una costante omogeneizzazione dei territori che cancellò assorbendola la nascente rete di città mercantili europee.

profondamente embricato con il passato, specialmente tramite dipendenza dal percorso»[20], l'autrice ricerca l'origine delle trasformazioni degli assetti storico-sociali nelle condizioni che li hanno preceduti. Per compiere tale operazione Sassen sceglie territorio, autorità e diritti come tre possibili vie analitiche d'accesso a ciò che chiama assemblaggi. Tali elementi vengono considerati come istituzionalizzazioni complesse della società, e in quanto tali costantemente presenti nella storia in forme diverse, dunque idonei a rappresentare altrettanti navigatori entro le scatole nere degli assemblaggi: nel nostro caso, dei due assemblaggi costituiti dal nazionale e dal globale. L'obiettivo è di rilevare le differenze e le continuità nelle trasformazioni storico-sociali, evitando al contempo di normativizzare e naturalizzare l'esistente. Lo sforzo teorico è quello di «usare la storia per illuminare l'aprirsi e il chiudersi di possibilità, piuttosto che per tracciare un'evoluzione»[21]. Un dato assemblaggio di territorio, autorità e diritti può allora essere letto come il risultato possibile, ma non necessario, del riorganizzarsi di capacità prodottesi nel periodo antecedente[22]. In tal modo, Sassen ricostruisce una complessità oscurata da costruzioni storiche eccessivamente lineari, e svela una rete di rapporti e alleanze fra attori che contribuisce a smentire il racconto della sovranità come realtà realizzata e atemporale. L'idea è quella di rendere leggibile la «multivalenza delle capacità e quindi contribuire a chiarire una parte dell'illeggibilità delle maggiori trasformazioni in atto»[23].

La progressiva centralizzazione e monopolizzazione della forza, che ha permesso di costruire una cornice giuridico-politca nazionale, si rivela così il frutto temporaneo di un complesso di alleanze e

[20] S. Sassen, *Territorio, autorità, diritti*, cit., p. 7.

[21] *Ibidem*.

[22] Le capacità sono infatti definite come «produzioni collettive il cui sviluppo comporta tempo, formazione, concorrenza e conflittualità, e la cui utilità è [...] multivalente»; *ivi*, p. 11. Lo sviluppo di alcune capacità quindi, non determina una linea di sviluppo ma una molteplicità di traiettorie.

[23] *Ivi*, p. 12.

lotte, di soggettivazioni e interdipendenze. La compresenza di questa pluralità prospettica, dovuta alla polivalenza insita nelle capacità, spiegherebbe anche le difficoltà nel leggere le trasformazioni in corso: le capacità maturate nell'assemblaggio nazionale, infatti, non hanno una valenza meccanica e necessitante, non portano cioè necessariamente allo sviluppo di un assemblaggio globale. Un insieme di capacità può virare in direzioni differenti, dando potenzialmente origine, a partire dalle stesse condizioni, a tipi di assemblaggi molto diversi fra loro. Così ad esempio, nel momento dello sviluppo del nazionale, venne superata e cancellata la possibilità, all'epoca concreta secondo Sassen, di una costruzione reticolare di un sistema di città interdipendenti.

Il punto focale di questa possibilità trasformativa viene individuato nel «punto di svolta»[24]: il momento nel quale le capacità maturate in un dato assemblaggio mutano la propria funzione, schiudendo nuove possibilità di sviluppo e determinando un assemblaggio del tutto diverso, spesso apertamente contraddittorio rispetto a quello di origine. Questa analitica delle capacità e dei punti di svolta elimina per l'autrice il postulato secondo il quale l'affermazione di un nuovo ordine implica necessariamente la fine del vecchio, ma contemporaneamente evita la tesi continuista secondo la quale poco o nulla sarebbe cambiato riguardo al funzionamento dello stato nazionale.

Le capacità essenziali a questo processo sarebbero, secondo l'autrice, giunte a maturazione fin dal periodo successivo alla seconda guerra mondiale. Fino agli anni '70 tuttavia tali capacità hanno forgiato «una scala mondiale destinata a governare il sistema internazionale al fine di proteggere le economie nazionali da forze esterne»[25]. Il sistema di Bretton Woods rappresenterebbe quindi una fase di sviluppo delle capacità grazie alle quali, nei decenni successivi, sarebbe emersa la scala globale, pur restando molto più vicino alla precedente *scala mondiale*.

[24] *Ivi*, p. 13.

[25] *Ivi*, p. 184. Sul punto cfr. V. Ronchi, F. Farinelli, *Nascita di una nazione?*, in «Equilibri», 3, 2011, pp. 533-540.

Il punto di svolta che ha rifunzionalizzato le capacità precedenti in chiave globale viene così individuato nei rivolgimenti economici avvenuti fra gli anni '70 e '80 del XX secolo, quando la rete internazionale di soggetti resa possibile dall'equilibrio di Bretton Woods consentì un assemblaggio del tutto nuovo. Tale nuova logica organizzazionale sarebbe la conseguenza di diverse dinamiche attuate in parte mediante un «riallineamento fondamentale all'interno dello stato e, di conseguenza, tra lo stato e il regno del privato»[26]. Lo stato avrebbe dunque un ruolo costitutivo in tale riallineamento, dato che proprio nell'assemblaggio nazionale si collocherebbe uno dei *loci* più rilevanti di questa trasformazione. Nello specifico, tale trasformazione vede nella moltiplicazione degli ordini specializzati una delle sue conseguenze possibili (e sempre più attuali). Essa sarebbe una «proliferazione di cornici spaziali e temporali e una proliferazione di ordini normativi dove un tempo la logica dominante andava verso la produzione di cornici spaziali, temporali e normative unitarie»[27]. Una logica insomma centrifuga, ma difficilmente leggibile se forzata entro categorie troppo rigide.

Se i nuovi assemblaggi ricordano distribuzioni di potere premoderne, ad esempio, non va trascurato il significativo particolare della loro specificità. Essi sono infatti caratterizzati da un alto livello di specializzazione, parzialità ed elevata uniformità interna, oltre che da un livello di normatività che rivaleggia con quello legittimo di alcuni stati. Questi nuovi ordini normativi «tagliano» le unità matrici ancora esistenti e segmentano componenti un tempo unitarie, producendo nuove disuguaglianze:

> «La perdita di potere del livello nazionale produce la possibilità di nuove forme di potere di politica a livello subnazionale. Il Nazionale come contenitore di processi e potere sociale si è rotto, schiudendo possibilità per una geografia della politica degli spazi

[26] S. Sassen, *Territorio, autorità, diritti*, cit., p. 185.

[27] *Ivi*, p. 530.

subnazionali. Le città sono gli elementi più importanti in questa nuova geografia»[28].

L'assemblaggio globale si muoverebbe dunque verso un ritorno della metropoli come nodo focale degli equilibri sociali, economici e politici. La deterritorializzazione libererebbe le città dal precedente incapsulamento nazionale, conferendo ad alcune di esse il ruolo di città globale, cioè di snodo focale per una complessa struttura reticolare transfrontaliera. Tale rete rappresenterebbe un tipo di scalarità del tutto nuova, che vede nelle città altrettanti *hub* specifici per la concentrazione di servizi e informazioni per il capitale globale.

Gli assemblaggi sarebbero dunque strutture mobili, frutto temporaneo della ri-funzionalizzazione delle capacità, in quanto prodotto storico e collettivo della re-istituzionalizzazione e del riassetto dei tre elementi sopra indicati: territori, autorità e diritti.

A differenza della interdipendenza forte del nazionale, le connessioni globali non sono mai perfettamente compiute, risolvendosi in altrettanto incompiute sconnessioni[29]. Il risultato è quello di un panorama instabile, centrifugo, nel quale acquista importanza la periferia. Il territorio si orizzontalizza, con effetti sia sui soggetti che sulla struttura degli spazi istituzionali. La gerarchia delle fonti è così «colpita al cuore»[30], dato il depotenziamento della legge come strumento principe della regolazione dei comportamenti, e lo stesso criterio della validità è affiancato e talvolta superato da quello dell'efficacia: piuttosto che calate dall'alto, attraverso una decisione sovrana resa riconoscibile dalla forma in cui viene espressa (la legge), i comportamenti vengono sempre più spesso indirizzati da norme emerse dall'immanenza stessa delle pratiche, legittimate dalla loro stessa efficacia.

[28] *Ivi*, p. 401. Sul tema cfr. anche G. Arrighi, B. Silver, *Chaos and Governance in the Modern World System*, University of Minnesota Press, Minneapolis 1999.

[29] S. Sassen, *Le città nell'economia globale*, cit., pp. 86-87.

[30] *Ivi*, p. 88.

La dispersione spaziale delle attività economiche e la digitalizzazione della sfera del consumo e dell'intrattenimento hanno suggerito, a partire dagli anni '80, l'immagine di un pianeta sempre più decentrato[31]. In realtà, questi fenomeni sono stati accompagnati dalla crescente necessità di funzioni di supervisione e controllo. Funzioni altamente specializzate, attività qualificate, ma anche posti di lavoro a basso costo, hanno finito per riconcentrarsi in snodi strategici costituiti da alcune città distribuite in tutto il globo. La reticolarità degli scambi e dei flussi economici (ma anche culturali) ha richiesto infatti la creazione di luoghi dalle caratteristiche specifiche, in grado di condensare una quantità critica di capacità e funzioni di controllo e amministrative. Tali snodi strategici sono ciò che Saskia Sassen chiama città globali. Secondo l'autrice insomma, la ben radicata nozione di «economia globale» suggerisce immagini parziali, che trascurano «i concreti processi materiali, le attività e le infrastrutture essenziali per la realizzazione della globalizzazione»[32]. Le città globali si presentano oggi investite di numerose funzioni:

> «a) centri di comando dell'organizzazione dell'economia mondiale; b) luoghi e mercati essenziali per le industrie di punta del periodo attuale – la finanza e i servizi specializzati alle imprese; c) le principali sedi in cui tali industrie producono, fra l'altro, innovazione»[33].

Nella loro singolarità dunque le città globali sono paesaggi complessi, caratterizzati da regimi normativi e disciplinari in grado di sommare funzioni altamente specializzate e lavoro a basso costo,

[31] Sul ruolo della tecnologia informatica e dei social media nella configurazione e nella partecipazione del dibattito politico di rinvia a D. Palano, *Bubble Democracy. La fine del pubblico e la nuova polarizzazione*, Morcelliana, Brescia 2020.

[32] S. Sassen, *Le città nell'economia globale*, cit., p. 16 ss.

[33] *Ivi*, p. 21. Cfr. sul punto V. Borghi, *Naufragi e spettatori. Su margini, spazio e rappresentazioni*, in «Rassegna Italiana di Sociologia», 4, 2017, pp. 919-928.

costituendo nuove forme di disuguaglianza funzionalizzate al mercato. Al contempo però, sebbene sia l'economia a far da traino allo sviluppo di questi ambienti metropolitani, in essi è osservabile l'innesto e la crescita di numerosi fenomeni sociali e culturali.

Altra caratteristica di questo assemblaggio è il fatto che le città globali sono entità reciprocamente interdipendenti, hanno bisogno l'una dell'altra, in un rapporto di interdipendenza reticolare tale per cui non sarebbe concepibile l'entità 'città globale singola'.

Porre al centro dell'analisi i luoghi invece che le economie nazionali, aiuta a comprendere il fenomeno, apparentemente contraddittorio, dell'arricchimento di una città o una zona proprio mentre il resto del paese di cui essa fa parte si impoverisce. Alla luce di una scalarità nazionale tale divaricazione di condizioni – con il drammatico aumento della disuguaglianza interna – contraddirebbe la tendenza e la funzione propria degli assemblaggi nazionali nella modernità. Sassen rileva infatti come «una molteplicità di città, un tempo sedi di attività industriali e portuali, ha perso le proprie funzioni e versa in stato di degrado, non soltanto nei paesi meno sviluppati ma anche in quelli economicamente più avanzati» [34]. Questo indebolimento generalizzato delle città industriali rientra nel più ampio fenomeno delle nuove geografie della marginalità, che attraversano sia i confini nazionali che le vecchie demarcazioni fra nord ricco e sud povero: un numero crescente di abitanti ad ogni latitudine ha oggi accesso a sempre meno risorse.

A questa geografia della marginalità corrisponde una geografia della centralità, il cui asse è individuato nei centri finanziari e di affari globali [35]. Tali centri sono collegati da un intenso e crescente flusso di transazioni, intensificatosi a partire dagli anni '80 del secolo scorso. Il ruolo e la composizione di tali microrealtà sono essenziali nello studio del processo della globalizzazione, e da un

[34] S. Sassen, *Le città nell'economia globale*, cit., p. 22.

[35] Sassen individua i centri principali nelle città di New York, Londra, Tokyo, Parigi, Francoforte, Chicago, Zurigo, Amsterdam, Sydney, Toronto e Hong Kong; *ibidem*.

punto di vista più specificamente giuridico, gettano una luce differente sul rapporto tra spazio e norma, tra soggettività e istituzionalizzazione che caratterizza l'epoca presente.

Il dato registrato è una crescita ininterrotta delle megalopoli in situazione di primazia nei paesi in via di sviluppo, e una ripresa dello sviluppo economico delle grandi città dei paesi occidentali, nonché un aumento della transazione dell'attività economica fra di esse.

Questa moltiplicazione di ordini normativi parziali, specializzati e applicati, destabilizza il persistente contesto di stati-nazione, producendo sfide normative inedite, che tuttavia non prefigurano un ritorno al premoderno, quanto un nuovo tipo di modernità. Una sfida interpretativa che coinvolge contemporaneamente la concezione dello spazio moderno nazionalizzato, e l'idea stessa di normatività. Il mondo economico si 'cartolarizza', producendo nuovi tipi di luoghi strategici. Sassen ne individua quattro: zone di trasformazione per l'esportazione, centri bancari *offshore*, distretti tecnologici e città globali. Ognuno di essi presenta diversi punti di interesse per un'analisi delle pratiche politico-giuridiche in atto. Ciascuno di essi assume assetti normativi e istituzionali peculiari, in funzione del proprio ruolo all'interno della geografia globale.

Le zone di trasformazione per l'esportazione, localizzate usualmente in paesi a basso salario, si pongono come punti a elevata intensità di lavoro, fornendo manodopera a basso costo per prodotti riesportati nel paese sede della casa madre al termine del ciclo produttivo. Affinché ciò sia possibile «i paesi sviluppati hanno dovuto architettare una congerie di provvedimenti legislativi», per altro in una fase storica in cui «i dazi e le misure di protezione di stampo keynesiano erano la regola nel mondo sviluppato» [36], palesando quanto il linguaggio giuridico dell'autorità statale sia stato, e rimanga, fondamentale, nella realizzazione di questo nuovo ordine. La circostanza è confermata anche dalla strutturazione dei centri

[36] *Ivi*, p. 48. Tali zone si sono sviluppate infatti come meccanismo chiave a partire dagli anni '80, anche grazie ad incentivi, agevolazioni fiscali e leggi sul lavoro accomodanti.

offshore[37]. Questi ultimi rappresentano mercati in competizione con i meno flessibili e più regolamentati centri *onshore*, e già dalla fine degli anni '70 la loro presenza ha contribuito alla spinta generale alla deregolamentazione. La loro caratteristica è quella di una generale maggiore flessibilità rispetto ai grandi centri finanziari, specialmente su alcuni punti:

> «segreto bancario, accettazione del denaro 'che scotta', ammissione di certe opzioni 'lecite' non del tutto ammesse nei mercati deregolamentati dei principali centri finanziari e strategie di minimizzazione degli oneri fiscali per le società internazionali»[38].

I centri *offshore* rappresentano una localizzazione altamente specializzata per alcune operazioni finanziarie. Tuttavia, se tale localizzazione viene istituita da e attraverso ordinamenti giuridici nazionali, questi centri entrano a far parte di un sistema geografico e istituzionale che travalica il sistema di confini territoriali e giuridici delle nazioni e la loro mera esistenza è potenzialmente in grado di influenzare le scelte legislativa, economiche e amministrative di altri Stati.

Infine, le città globali costituiscono gli *hub* organizzativi della rete di scambi e sistemi produttivi. La tendenza alla delocalizzazione e al decentramento delle attività produttive, nonché la rete di flussi economico-finanziari, ha infatti accresciuto l'esigenza di servizi di consulenza e coordinamento altamente specializzati, esigenza che a sua volta ha favorito un nuovo tipo di localizzazione, data dalla necessità che i fornitori di tali servizi alle imprese comunichino fra loro.

Dunque le città globali non si limitano a contendersi gli affari,

[37] In campo finanziario offshore non è necessariamente sinonimo di estero: «in sostanza esso denota un grado di regolamentazione minore di quello vigente onshore, termine che designa imprese e mercati non coperti dalla particolare legislazione dei centri offshore»; *ivi*, p. 59.

[38] *Ivi*, p. 58.

ma contribuiscono a produrre un sistema economico «che poggia sui distinti tipi di localizzazione rappresentati da queste città»[39]. L'aumento di questi legami transnazionali fra città che rappresentano grandi centri finanziari ed economici è molto probabilmente accompagnato dai rapporti che legano ciascuna città al proprio «sistema urbano nazionale» e in generale al proprio territorio di appartenenza (*hinterland*). Si assiste cioè alla creazione di uno spazio reticolare costituito da snodi urbani strettamente interdipendenti, che riscrive parzialmente la scalarità disegnata dal territorio nazionale. A sua volta tale concentrazione porta con sé un aumento della domanda di lavoro a basso costo, facendo di tali centri altrettanti snodi fondamentali per le

> «reti della diaspora [...], interessate a questioni transfrontaliere, quali l'immigrazione, il diritto d'asilo, i programmi internazionali per le donne migranti, le lotte contro la globalizzazione, e molte altre»[40].

Tali reti finiscono per intersecare quelle costituite dalle relazioni fra città globali, in una convergenza che le rende parte integrante della infrastruttura della società civile globale. Questo radicamento costante della realtà globale nelle pratiche di vita delle persone rende gli ambienti urbani globali un punto di osservazione potenzialmente privilegiato per osservare i processi attraverso i quali la globalizzazione si localizza in realtà specifiche.

Il tendenziale aumento delle disuguaglianze, che si registra sia all'interno degli ambienti metropolitani che a livello planetario, sembra da ultimo aver suggerito a Sassen una tendenza all'espulsione di vaste porzioni della popolazione, oltre che di numerosi problemi e tematiche comuni (tutela dell'ambiente, salvaguardia di risorse e territori ecc.) dal discorso economico, politico e giuridico. Così:

[39] *Ivi*, p. 91. Cfr. D. Della Porta, M. Diani, *Welfare e conflitti sociali*, in «Parolechiave», 2, 2020, pp. 101-110.

[40] S. Sassen, *Le città nell'economia globale*, cit., p. 93.

«il capitalismo della nostra epoca non è affatto simile a quelle sue forme precedenti che fiorirono grazie alla rapida espansione e alla relativa prosperità della classe operaia e dei ceti medi. La massimizzazione del consumo delle famiglie fu una dinamica cruciale di quell'epoca, come lo è oggi nelle cosiddette economie emergenti, ma nel complesso non è più il fattore sistemico strategico che contribuì a trainare la crescita per la maggior parte del XX secolo»[41].

Gli indicatori di crescita sembrano spesso autonomi rispetto ai segnali di benessere sociale e di distribuzione della ricchezza. I segnali di crescita del PIL, anzi, sono spesso accompagnati dall'aumento di fenomeni quali disoccupazione, popolazione carceraria, devastazioni territoriali e ovviamente a rischi ambientali. In altri termini, la creazione di valore sembra essere cieca rispetto alla perdita e alla distruzione di beni collettivi[42]. La ricchezza si concentra nelle mani di pochi, mentre aumentano a dismisura le azioni repressive (incarcerazioni, rimpatri, azioni di polizia) ed espropriative, nonché lo sfruttamento incontrollato dell'ambiente, con danni irreparabili al territorio e all'equilibrio climatico dell'intero pianeta. Tali conseguenze negative sembrano venir escluse dal computo della ricchezza monetaria, come conseguenze non previste e non rilevanti ai fini dell'accumulazione di capitale. La tendenza a sottrarre ricchezza dal sistema sociale e ambientale dunque, appare non come una eccezione alla norma, l'eccedenza di *elite predatorie*

[41] S. Sassen, *Espulsioni. Brutalità e complessità nell'economia globale*, tr. it. a cura di N. Negro, il Mulino, Bologna 2015, p. 17.

[42] Nel 2013 uno studio effettuato da un gruppo internazionale guidato da Ida Kubiszewski dell'*Australian National University* ha rivelato che il *Genuine Progress Indicator* (GPI) ha toccato il suo picco massimo nel 1978 per poi continuare a calare; al contrario, a partire dallo stesso anno il PIL *pro capite* ha continuato ad aumentare. Secondo tale rilevamento inoltre, gli aspetti sociali e ambientali negativi sono cresciuti più in fretta della ricchezza monetaria. I. Kubiszewski, R. Costanza, C. Franco, P. Lawn, J. Talberth, T. Jackson, C. Alimer, *Beyond GDP: Measuring and Achieving Global Genuine Progress*, in «Ecological Economics», 93, 2013, pp. 57-68. In altri termini la ricchezza monetaria si accompagna ad un peggioramento sproporzionato delle condizioni di vita e degli equilibri ambientali.

che agiscono come *freeriders* attraverso l'ordine globale, ma come una logica sistemica che regge l'ordine stesso. In altri termini, come spiega l'autrice, si tratterebbe del «progetto di contrarre lo spazio dell'economia di un paese, ma non la redditività delle imprese»[43]. Sarebbe dunque più giusto parlare dell'esistenza di «formazioni predatorie» composte da «assemblaggi di attori, mercati, tecnologie e governi potenti», non riducibili a singoli insiemi, «poiché ciascuna di esse incorpora soltanto qualche elemento di ognuno di quegli insiemi, combinandoli con quelli di altri»[44]. Sarebbero insomma formazioni attraversate, strutturate e prodotte da logiche sistematiche trasversali, che hanno avuto come esito una sostanziale inversione di segno nella funzione del margine sistemico. Se quest'ultimo nella stagione keynesiana era il luogo dell'inclusione, ora sarebbe al contrario il luogo dell'esclusione. Il margine sistemico è allora, per Sassen, esattamente il luogo in cui agire, e soprattutto osservare, dato che gli spazi dell'espulsione necessitano innanzi tutto di essere riconosciuti sul piano concettuale.

Che i margini siano lo spazio delle lotte, delle resistenze, delle soggettivazioni e delle possibili trasformazioni – in una parola il luogo dei conflitti che è necessario riconcettualizzare e riformulare – è assolutamente condivisibile. Tuttavia, forse nella logica neoliberale le espulsioni non sono il destino ultimo di popolazioni, soggetti e problemi[45]. Seppur escluso, ogni elemento conserva la possibilità di tornare all'interno del discorso, a patto che le mutate condizioni ne facciano un elemento di estrazione di valore. Le espulsioni, in altri termini, non sono mai nette, ma avvengono al-

[43] S. Sassen, *Espulsioni*, cit., p. 229. Cfr. anche G. Semi, *S. Sassen, Espulsioni. Brutalità e complessità nell'economia globale*, 2015, in «Rassegna Italiana di Sociologia», 1, 2017, pp. 186-187.

[44] *Ivi*, p. 236.

[45] Da una prospettiva post-coloniale, cfr. sul punto M. Mellino, *Cittadinanze postcoloniali. Appunti per una lettura postcoloniale delle migrazioni contemporanee*, in «Studi culturali», 2, 2009, pp. 285-300.

l'interno di un campo di eccezione normalizzata, in una sorta di esclusione inclusiva, di inclusività differenziale, nella quale governamentalità, disciplina e sovranità si intersecano attraverso pratiche localizzate, nella produzione di soggettivazioni e spazi altamente funzionalizzati, ma anche estremamente precari. Di questi spazi, i confini nazionali continuano a rappresentare senz'altro una delle faglie di definizione fondamentali, ma non più come assoluti, bensì come elementi di dispositivi di potere, controllo e governo estremamente complessi ed articolati. Il confine non è semplicemente una partizione fra territori su cui si esercitano diritti e sovranità, ma un luogo o un elemento sottoposto a pratiche governamentali riconducibili tanto agli stati quanto a tecniche di mercato e altri sistemi di mediazione e controllo. Più che come una tradizionale partizione fra territori, i confini funzionano oggi come una sofisticata pratica governamentale, in grado di coordinare il rigido dispositivo sovrano con la flessibilità della *governance* bioeconomica e biopolitica. Le figure che emergono da questa intersezione di linee mobili, di dispositivi di potere eterogenei, assomigliano molto poco alla *silhouette* della cittadinanza moderna. Quest'ultima rimane una delle possibili maschere che gli attori possono indossare per partecipare alla rappresentazione, ma nel sempre più ampio orizzonte generato dalle aperture verso l'indeterminato si muovono attori estremamente eterogenei, frutto di soggettivazioni in costante adattamento.

3. *Dramatis personae*

> «Abbandonando questa sfera della circolazione semplice, vale a dire dello scambio di merci, da cui il "vulgaris" libero scambista trae in prestito criteri, idee e norme per il suo giudizio sulla società del capitale e lavoro salariato, già pare che si trasformi in qualche cosa la fisionomia delle nostre 'dramatis personae'. L'antico possessore di denaro s'avvia avanti come capitalista, il possessore di forza lavorativa indietro come suo lavoratore; il primo col il sorriso sulla bocca, pieno di sé e tutto affaccendato, il secondo timido, esi-

tante, come uno che abbia portato al mercato la propria pelle e debba solo aspettassi la sua conciatura»[46].

L'invito di Marx ad andare oltre la scena, addentrandosi dietro le quinte della rappresentazione astratta del rapporto giuridico 'libero' non ha perso la sua attualità e cogenza. La libertà 'formale' dell'accordo e la terzietà della norma rischiano di occultare le relazioni conflittuali e le contraddizioni sistemiche che stanno dietro alla rappresentazione.

Tuttavia, come fa notare Foucault, Marx si ferma alla contrapposizione tra capitale e lavoro, tra capitalisti e lavoratori, ma questa dinamica di potere si ripete in innumerevoli occasioni, al di là della rigida contrapposizione fra proletariato e capitalismo, intesi come soggetti già pre-dati, cioè pre-esistenti alle concrete relazioni di potere che li in-formano. In altri termini, ciò di cui Foucault fa a meno è la dinamica della lotta di classe, nel tentativo di osservare come i soggetti che si producono attraverso le relazioni di potere non sono solamente due, ma molteplici[47]. Come è noto infatti, la concezione del potere da cui il pensatore francese parte è quella di una entità non collocata ma ubiqua, produttiva, in costante divergenza. Il potere è consustanziale ad ogni relazione, nasce dall'incontro/scontro fra soggetti che a loro volta vengono prodotti dalla stessa relazione di potere, dando vita ad una dinamica continua di assoggettamento e soggettivazione, più che ad un rapporto statico di soggezione[48].

Ciò che Foucault suggerisce è di individuare e osservare i nodi

[46] K. Marx, *Il capitale. Critica dell'economia politica I*, tr. it. a cura di Ruth Meyer, Newton Compton, Roma 1970, p. 210.

[47] Sulla complessa questione dello statuto del soggetto in Marx cfr. F. Raimondi, L. Basso, S. Visentin (a cura di), *Marx: la produzione del soggetto*, deriveapprodi, Bologna 2018, e M. Gatto (a cura di), *Marx e la critica del presente*, Rosenberg & Sellier, Torino 2020.

[48] Cfr. M. Foucault, *Microfisica del potere. Interventi politici*, tr. it. a cura di G. Procacci, P. Pasquino, Einaudi, Torino 1977.

del conflitto nella loro ubiquità, cioè ovunque sia presente una relazione di potere, analizzandone le specificità.

Un approccio che spiega la decentralizzazione strutturale, topologica e geografica che abbiamo visto – nel primo capitolo – caratterizzare l'assetto contemporaneo. Come scrivono Mezzadra e Neilson:

> «Siamo allo stesso tempo in presenza di una disaggregazione di poteri che erano saldamente incardinati nello Stato-nazione e di una loro riconfigurazione in assemblaggi specializzati che combinano tecnologia, politica e attori in forme diverse e talvolta instabili» [49].

A emergere e comporre lo scenario complesso e contraddittorio della contemporaneità è una pluralità di soggetti, caratterizzati da diversi livelli di formalità e riconoscimento giuridico-politico. «Questi soggetti» come ci ricorda Chatterjee:

> «agiscono rivendicazioni irriducibilmente politiche, che possono essere avanzate soltanto in ambito politico, dove le regole possono essere curvate o distese, e non nell'ambito del diritto o delle procedure amministrative. Il loro successo dipende interamente dalla capacità che questo o quel gruppo di popolazione ha di mobilitare sostegno per influenzare l'implementazione di politiche governamentali in proprio favore. Il loro successo rimane comunque, e necessariamente, temporaneo e contestuale» [50].

Per esplorare il lato oscuro della norma – intesa tanto nella sua dimensione normativa quanto in quella normalizzante – occorre dunque partire da quella complessità situata, concreta, incorporata che deborda dalla *silhouette* delle generalizzazioni giuridiche, politiche ed economiche.

[49] S. Mezzadra, B. Neilson, *Confini e frontiere. La moltiplicazione del lavoro nel mondo globale*, tr. it. a cura di G. Roggero, il Mulino, Bologna 2014, p. 248.

[50] P. Chatterjee, *Oltre la cittadinanza. La politica dei governati*, tr. it. a cura di M. Bortolini, Meltemi, Roma 2006, p. 76.

Come vedremo nel corso di questo capitolo, l'attenzione alla diversità di interessi, di condizioni materiali, di situazioni concrete – con tutto il loro precipitato di possibilità –, in altri termini alla pluralità di forme che la vita assume nella contemporaneità, è fondamentale tanto per comprendere la dinamica conflittuale, spesso caotica e violenta, che ne emerge, quanto per immaginare una strategia che formalizzi quel conflitto, scongiurando il pericolo che esso tracimi (come pure sempre più spesso accade) in violenza aperta e caos incontrollabile.

Lo scenario mutevole che si è tentato di tratteggiare nel primo capitolo è il risultato precario di tali lotte, la cui periodica riemersione attraverso modalità brutali e destabilizzanti dovrebbe ricordarci la necessità di fare i conti con le diseguaglianze, le sperequazioni e le discriminazioni sistemiche che permettono la rappresentazione della mappa globale.

Recuperare il conflitto, in vista di una sua rimessa in forma politica, che ne scongiuri gli esiti più distruttivamente polemologici, richiede l'osservazione della pluralità di strategie, relazioni, adattamenti, normalizzazioni che si sviluppano, per parafrasare Foucault «a partire, al di sotto, ai margini e persino in opposizione a un sistema imperniato sulla legge»[51]. Si tratta di cercare delle prospettive che indaghino la specificità delle relazioni di potere, l'attrito di forze da cui esperienze di assoggettamento e soggettivazione emergono come eccedenza normalizzante della normalità.

Si tratta non di trascurare il ruolo della normatività e della sovranità, ma di osservarli oltre la propria auto-narrazione di terzietà e neutralità, come nodo collocato di quel complesso dispositivo che è la *governance* neoliberale.

La norma stessa assume in quest'ottica l'aspetto di un terreno non neutrale, un nodo di scontro e confronto formalizzati, la cui rilevanza è data proprio dalla capacità del simbolico di produrre effetti sul piano reale e materiale, cioè sulle vite di chi agisce nel, sul e tramite le norme.

[51] M. Foucault, *Sicurezza, territorio, popolazione*, cit., p. 50.

«Data l'antinomia che sta alla base del capitalismo», come scrive ancora Marx:

> «tra uguali diritti decide la forza e così nella storia della produzione capitalistica la regolazione della giornata lavorativa appare come lotta per i limiti della giornata lavorativa, lotta tra il capitalista in generale, ossia la classe dei capitalisti, e l'operaio in generale, ossia la classe operaia» [52].

Oggi, la stessa valorizzazione del capitale, che nei termini di Mezzadra e Neilson possiamo chiamare una «moltiplicazione del lavoro», colonizza tendenzialmente ogni aspetto della vita, producendo una moltitudine non unitaria di forme e luoghi di sfruttamento, e insieme di pratiche di resistenza. Così, diviene necessario osservare proprio tali espressioni plurali del conflitto nei luoghi situati del loro apparire. Se le *dramatis personae* indossano oggi maschere eterogenee, è di questa eterogeneità che lo sguardo dell'analisi deve farsi carico.

4. *Il prisma della norma: legge, corpi, spazi*

L'irrompere dell'emergenza pandemica ha mostrato una volta ancora la fragilità dell'ordine sociale quotidiano e la sottile nervatura di norme che lo sorregge. Il «soggetto imprevisto», come è stato chiamato l'evento costituito dal Covid-19 [53], ha richiesto una profonda e rapida revisione dei modi di vivere collettivi a livello globale; ma anche rivelato iniquità sociali, errori nella gestione amministrativa e fragilità istituzionali.

[52] K. Marx, *Il capitale I*, cit., p. 284; sul punto cfr. anche L. Basso, *Agire in comune. Antropologia e politica nell'ultimo Marx*, manifestolibri, Roma 2021.

[53] F. Chicchi, A. Simone, *Il soggetto imprevisto, Neoliberalizzazione, pandemia e società della prestazione*, Meltemi, Milano 2022; sul punto cfr. M. Nicoletti, *Pandemia e diritti umani. Fra tutele ed emergenza*, Donzelli, Roma 2021.

L'alterazione della 'normalità' da parte di un elemento alieno, inaspettato, ha immediatamente provocato un adattamento, un ripensamento di quella normalità, in maniera repentina e traumatica e su più livelli. Il diritto ha risposto allo shock con una contrazione e una rimodulazione degli spazi, dei tempi e delle forme di libertà quotidiana. La volontà del sovrano, attraverso la normatività (soprattutto e prima di tutto nella sua veste di decreto), ha preso in carico le vite, ne ha ridisegnato gli spazi di permanenza e le occasioni di movimento, al fine di limitare, attraverso quella dei corpi, la circolazione del virus.

Quegli stessi corpi hanno dovuto riadattare le proprie specificità al mutamento ambientale, piegando sia sé stessi che le norme alle esigenze specifiche, provocando a loro volta una risposta nell'ordine giuridico-normativo. Vincolatività normativa e richieste di normalità, saperi esperti e autorità legittima, discorsi e contro-discorsi di verità si sono susseguiti, intrecciati e influenzati lungo l'intero arco del periodo emergenziale.

Nel momento in cui il silenzio dell'ordine sociale è stato interrotto dall'emergenza sanitaria, la norma si è dunque rivelata un nodo complesso, un cardine mobile di struttura e decisione, l'intersezione fra dato e creazione, fra ordine e caos, facendo emergere le contraddizioni, le debolezze, le criticità di quello stesso ordine sociale. In una parola, svelando l'intreccio di conflitti latenti alla norma.

Questa interruzione nella rappresentazione della 'normalità', giuridica, politica e sociale è tutt'altro che un caso isolato. In questo senso, la pandemia di Covid-19 – grazie all'estensione e alla rapidità della sua diffusione – può costituire un modello esemplare e puntuale dell'intera stagione contemporanea. Essa ha rappresentato cioè un evento che ha imposto una riconsiderazione della normalità, facendone emergere al contempo contraddizioni, ambivalenze, ineguaglianze e criticità. Queste tuttavia non sono certo prodotte dal virus, e persistono anche dopo il suo passaggio. Anzi, purtroppo si moltiplicano gli esempi di un conflitto che, rimosso, torna a manifestarsi – sempre più spesso con gli strumenti incontrollabili e distruttivi della guerra. La rappresentazione irenica della convivenza viene in altri termini continuamente interrotta dall'apparire sulla scena di soggetti che, non previsti dall'ordine del discorso, manifestano la propria esistenza e producono la propria soggettivazione imponendo al silenzio della norma la sua riproblematizzazione.

Ad essere coinvolto da questa irruzione è lo stesso significato del termine norma, prismaticamente scomposto nelle diverse varianti dei suoi significati: quello di normatività, di normalità e di normalizzazione, la cui sovrapposizione e interrelazione svela a sua volta lo stretto legame fra regimi di sapere, potere e processi di soggettivazione.

Nella sua veste più strettamente giuridica, all'interno del paradigma moderno della sovranità statuale, la normatività definisce il campo del permesso separandolo da quello del vietato, grazie alla forza dirimente dell'*auctoritas* sovrana. La normatività – innanzi tutto nella forma paradigmatica, generale e astratta della legge – guida i comportamenti pretendendo obbedienza, a prescindere dalle specificità dei singoli, ma solo in virtù della appartenenza a quell'universale concreto che è lo stato nazione. L'individuo è dunque innanzi tutto una persona: una maschera che coincide con un insieme astratto di diritti e doveri. Insieme allo spazio della sovranità, in un certo senso è anche il soggetto della sovranità ad essere ritagliato dal potere di spada, ad essere cioè delineato nella sua *silhouette* astratta dal potere di decisione che fonda la convivenza e a sua volta si fonda sull'esclusione del conflitto.

Nella veste della normatività, la galassia della norma rimanda alla concentrazione del potere legittimo: alla capacità di un soggetto 'terzo' di garantire la pace, escludendo tramite la decisione l'eccezione continua dello Stato di natura (del conflitto di tutti contro tutti) dall'ordinaria convivenza civile che si svolge dopo il *pactum*. In ciò si sostanzia il 'dispositivo' sovrano, per definirlo in termini foucaultiani: una tecnica di potere centralizzata, negativa, espropriativa, che dunque trova nello *ius vitae ac naecis* l'epitome della propria espressione. Definita dalla possibilità di «far morire e lasciar vivere», la sovranità è in questo senso un potere di prelievo: di beni, tempo, risorse, fino alla vita stessa.

Ma cosa succede quando potere e sapere fanno agire la norma direttamente sui corpi, prendendoli in carica? Ad apparire è un altro significato di norma: quello di normalità. Recuperando in un certo senso la dimensione della *veritas*, la normalità consente una presa in carico dei corpi non più esclusivamente negativa e appropriativa, ma produttiva, incrementativa e potenziante.

È ancora Michel Foucault il primo a offrire il ritratto di questo intreccio complesso di normalità e normatività, a partire da una originale concezione di potere. Malgrado le differenze di epoche e di obiettivi, spiega l'autore, la rappresentazione del potere è sempre stata ossessionata dal "re": nel pensiero dell'analisi politica non si è ancora tagliata la sua testa [54], cioè non si è ancora proceduto a emancipare la teoria politica dall'idea che esista una sola forma di potere, e che essa coincida con la forma trascendente e molare della sovranità. Che esso sia pienamente teocratico o «teologico-politico» [55], il potere è pur sempre definito come un'entità sostantiva e determinata, una potenza 'a somma zero'. Dunque, nelle parole di Foucault, allontanarsi da tale definizione significa liberarsi:

> «da una rappresentazione giuridica e negativa del potere, rinunciando a pensarlo in termini di legge, di divieto, di libertà e sovranità [...] Dandosi, dunque, un'altra teoria del potere, si tratta di formare contemporaneamente un'altra griglia di interpretazione storica; e, guardando da vicino un insieme di materiali storici, di avanzare a poco a poco verso un'altra concezione del potere. Pensare ad un tempo il sesso senza la legge ed il potere senza il re» [56].

Ciò non rappresenta un invito a superare il dispositivo sovrano

[54] M. Foucault, *La volontà di sapere. Storia della sessualità 1*, tr. it. a cura di P. Pasquino, G. Procacci, Feltrinelli, Milano 2017, p. 79.

[55] Ovvero, esattamente quel paradigma moderno in cui, come spiega Schmitt, le forme dell'obbedienza teologica vengono traslate in quelle dell'obbedienza ad una autorità secolare; C. Schmitt, *Il concetto di 'politico'*, in Id., *Le categorie del 'politico'*, cit.

[56] *Ivi*, p. 81.

– e con esso la dimensione interdittiva e appropriativa della normatività – ma inserirlo, proprio in quanto dispositivo, nella cornice di una definizione più ampia, quella che l'autore chiama «microfisica del potere» [57].

Come è intuibile dal passo appena citato, è proprio dal corpo che Foucault parte per ricostruire nella sua complessità questa concezione del potere. Questa indagine sul corpo, sul legame fra normalità e corporeità, gli viene suggerita dal lavoro di George Canguilhem, che investigando sul ruolo della clinica nel rapporto fra paziente e malattia, arriva a ridefinire i criteri di normalità e patologia a partire dalla relazione concreta del paziente con la propria realtà quotidiana.

Secondo Canguilhem, normalità e patologia del corpo umano non possono essere separati e definiti solamente da una serie di dati quantitativi: lo stesso valore, registrato come debilitante o addirittura mortale in una determinata popolazione o individuo, potrebbe essere perfettamente normale e anzi necessario in un'altra:

> «Se esistono delle norme biologiche, è perché la vita, essendo non solo sottomissione all'ambiente ma anche istituzione del proprio ambiente, pone proprio in tal modo dei valori non soltanto nell'ambiente ma anche nello stesso organismo. È ciò che chiamiamo la normatività biologica» [58].

La normalità della biologia del corpo sarebbe in questo senso la capacità del corpo di darsi una norma, di adattare la propria esistenza all'interno del proprio ambiente. Piuttosto che la conformità ad una serie di valori quantitativi scientificamente fissati una volta per tutte, la normalità del corpo è la salute, intesa come «la vita nel

[57] Cfr. M. Foucault, *Microfisica del potere*, cit.

[58] G. Canguilhem, *Il normale e il patologico*, tr. it. a cura di D. Buzzolan, Einaudi, Torino 1998, p. 189. Sul punto cfr. anche P. Macherey, *Da Canguilhem a Foucault. La forza delle norme*, tr. it. a cura di P. Godani, ETS, Pisa 2011; G. Brindisi, *Potere e giudizio. Giurisdizione e veridizione nella genealogia di Michel Foucault*, Editoriale Scientifica, Napoli 2010.

silenzio degli organi», espressione che Canghuilem mutua da René Leriche[59]. La salute non è dunque un dato esterno, oggettivo, ma la possibilità di definire, abitudini, libertà e autonomie, cioè la capacità del vivente di produrre le proprie norme e la propria normalità. Per l'autore in altri termini, è l'individuo, prima e più che il sapere medico oggettivato nel dato statistico, ad avere l'ultima parola sulla definizione della propria normalità. È la vita a ripensare la propria autonomia di fronte alla malattia e a riconoscerla, attraverso la propria capacità di normarsi, cioè di riconoscere l'equilibrio che la patologia gli ha sottratto e (ri)definirne i margini.

Se è vero che esistono delle costanti nella biologia umana, perché ciò che si è evoluto in millenni non può cambiare in anni, ammette Canguilhem, è pur sempre l'individuo, a partire dalla verità dei propri organi, a interpellare la clinica in cerca di risposte, e non il contrario. Per questo non si possono dettare scientificamente norme alla vita, perché la vita è proprio quella attività polarizzata di contrasto con l'ambiente, che 'si sente' o 'non si sente' normale in dipendenza del suo percepirsi in una condizione auto-normativa. Partendo da Gotthold Herxheimer, Canguilhem chiarisce che:

> «La fisiologia-patologia deve determinare le relazioni causali tra fenomeni fisici, ma siccome non si dà concetto scientifico della vita – eccezion fatta per un concetto puramente diagnostico – essa non ha nulla a che fare con scopi o fini e, di conseguenza, con valori relativi alla vita. [...] ogni giudizio di valore, non appartiene alle scienze naturali e dunque neppure alla fisiologia-patologia»[60].

Dunque «La patologia, essendo pura scienza della natura, deve

[59] *Ivi*, p. 65; cfr. anche R. Leriche, *La chirurgie de la douleur*, Masson, Parigi 1937, p. 371.

[60] G. Canguilhem, *Il normale e il patologico*, cit., p. 177; cfr. anche G. Herxheimer, *Krankheitslhere der Gegenwart. Stromungen und Forschungen in der Pathologie seit 1914*, Steinkopff, Dreisden-Leipzig 1927.

fornire conoscenze causali, ma non formulare giudizi di valore»[61]. L'autore tenta così, di separare nettamente sapere medico-scientifico e giudizio di valore sulla vita. Due ambiti che si incontrano nel corpo del malato, ma che non possono essere sovrapposti, e la cui successione deve rimanere chiara: è il corpo a definire l'anormalità della malattia, e a chiedere al sapere medico risposte, permettendo alla scienza di progredire. Anzi, è proprio affrontando la possibilità della malattia in quanto limite della sua fisiologia, che l'individuo determina e potenzialmente amplia la propria normalità: sfidando le proprie capacità, egli cioè ristabilisce le norme del rapporto fra il proprio corpo e il proprio ambiente quotidiano. Insomma, se il dato scientifico descrive la regolarità causale dei fenomeni, è la vita a produrre la normalità, attraverso la sua intrinseca capacità normativa.

È a partire da questo complesso intreccio fra sapere, potere e normalità – annodati nel corpo del vivente – che Foucault svilupperà la sua teoria dei dispositivi di potere legando, attraverso il doppio senso della norma, il potere e il sapere in modo ancora più stretto.

Foucault analizza i rapporti fra sapere e potere all'interno del presupposto epistemico contemporaneo[62], rivelando la sottile e biunivoca relazione fra i due. Il potere, in quanto reticolo strategico, più che dominio individuale e trascendente, trova proprio nella norma biologica, nella distinzione eteronoma, legata ai saperi scientifici (soprattutto quelli biologici) fra normale e patologico il suo principio di ordinazione strategico, votato all'efficientizzazione e all'ottimizzazione delle potenzialità del corpo umano. Un processo di biologizzazione della vita e soprattutto della politica come presa in carico del *bios*, che come mostrato fra gli altri da Nikolas Rose, trova oggi la sua estensione e potenza massima[63].

[61] G. Canguilhem, *Il normale e il patologico*, cit., p. 177.

[62] L'episteme è per Foucault esattamente questo reticolo storicamente dato di presupposti gnoseologici che rende significative e sensate le domande all'interno di un discorso di verità. Cfr. M. Foucault, *L'archeologia del sapere. Una metodologia per la storia della cultura*, tr. it. a cura di G. Bogliolo, Rizzoli, Milano 2017.

[63] Cfr. N. Rose, *The politics of itself. Biomedicine, Power and Subjectivity in*

La tesi di partenza è, come si accennava, che potere non debba essere letto come sostantivo, e dunque come elemento molare, trascendente e negativo; che in altri termini l'analisi del potere non debba appiattirsi sull'analisi della sovranità. 'Potere' prima e più che un sostantivo, è soprattutto un verbo, un'azione, un agire. Dunque, esso va indagato all'interno di ogni relazione umana, nelle dinamiche individuali e collettive. Lungi dall'essere un elemento statico e trascendente, sottratto alla società e posto al di là di essa, il potere circola nel sociale, auto-generandosi costantemente, nel momento stesso della sua manifestazione. Approcciare al problema del potere in termini microfisici significa allora osservarne le forme specifiche di manifestazione, di utilizzo e di produzione, con uno sguardo mobile che ne segua l'azione concreta più che la rappresentazione astratta. «Tagliare la testa al re», come suggerisce lo stesso Foucault, significa allora emancipare la teoria politica dall'ipoteca del modello sovrano, che rappresenta solo uno dei dispositivi di potere che la modernità ha generato. Come scrive né *La volontà di sapere*:

> «il potere non è un'istituzione, e non è una struttura, non è una certa potenza di cui alcuni sarebbero dotati: è il nome che si dà ad una situazione strategica complessa in una società data»[64].

Ciò implica anche abbandonare l'immagine di un potere come ontologicamente e necessariamente contrapposto alla verità, come se le due entità si ponessero l'una di fronte all'altra in un conflitto permanente e reciprocamente escludente. Piuttosto, è nelle loro reciproche implicazioni, interrelazioni e influenze che va cercata la chiave per dipanare, nell'approccio genealogico che caratterizza l'opera dell'autore, la fitta rete di discorsi e pratiche che definisce storicamente una normalità.

A partire dal XVI secolo un complesso reticolo di saperi inscri-

the Twenty-First Century, Princeton University Press, Princeton-Oxford 2007.

[64] M. Foucault, *La volontà di sapere*, cit., p. 83.

ve la norma direttamente sul corpo degli individui, considerati nel loro aspetto macchinico. La disciplina, associando uno spazio ad ogni corpo (*dressage, quadrillage*), gestendone il tempo, scandendone gesti e necessità, riscrive l'individuo sulla base di una 'norma', di un modello ricavato dal sapere biologico, in virtù di un doppio principio di ottimizzazione. Lo scopo è duplice: da un lato, l'efficienza del corpo individuale, l'incremento delle sue capacità, la produzione del suo 'potere'; dall'altro, la docilità dello stesso corpo, la sua automatizzazione, l'iscrizione, tramite il corpo, di un modo di pensare, vedere, agire.

È in *Sorvegliare e punire* che Foucault, come è noto, descrive estesamente l'emergere di questa tecnica nelle istituzioni immaginate dalla società [65], a partire dalla prigione, attraverso la formulazione del suo paradigma: il *panoptikon*. Il dispositivo panottico ribalta lo schema ottico del sovrano, introducendo una nuova economia della luce, un nuovo utilizzo del visibile e dell'invisibile. Se nella sovranità il potere viene mostrato in tutta la sua crudeltà appropriativa (è l'immagine cruenta della morte ripetuta, offerta dal supplizio di Damien che Foucault vividamente riporta all'inizio dell'opera), nella struttura del *panoptikon* il sovrano/controllore letteralmente scompare, per ripresentarsi in maniera molto più pervasiva, come presenza fantasmatica e ubiqua. È il corpo del carcerato (o del soldato, del malato, dello scolaro... in una sola parola, del sorvegliato) a divenire visibile. Ma tale visibilità è una trappola, spiega Foucault: costantemente osservato, l'individuo stesso è spinto a introiettare la norma, a farla propria. Essa viene iscritta sul corpo, naturalizzata come modalità normale di vita.

All'appariscente illusione ottica della molarità sovrana (il famoso frontespizio del Leviatano, concepito da Hobbes), si sostituisce – o meglio si affianca – un regime di sapere molecolare, che fa del-

[65] Le istituzioni prese a modello da Foucault sono, non a caso, quelle che negli stessi anni Goffmann definirà "totali", fornendone al contempo una precisa descrizione; E. Goffmann, *Asylums. Le istituzioni totali: i meccanismi dell'esclusione e della violenza*, tr. it. a cura di F. Basaglia, Einaudi 2003.

l'osservazione, più che della manifestazione pubblica di sé, la propria arma. Nelle discipline, la norma non si rivela solamente al momento della sanzione, non è più solo il taglio che sottrae, che procura la morte. Grazie ad un lavoro certosino e ad una nuova economia della forza, la norma agisce costantemente e silenziosamente sui corpi, producendoli in quanto soggetti.

Con la sicurezza, il terzo dispositivo di potere della modernità, il sapere lavora sul corpo collettivo. Il suo oggetto diventa la popolazione, il corpo specie[66]. In questo caso l'emersione della norma dall'immanenza delle pratiche attraverso l'applicazione statistica dei saperi esperti rende possibile l'indirizzamento e il potenziamento della popolazione a partire da una condizione di libertà per gli individui. La norma in questo senso regola, indirizza, dirige, ma non comanda. È a partire cioè dal potere persuasivo della verità, di una verità medica, biologica, sociale, che l'individuo 'razionale' è chiamato ad agire in vista del raggiungimento dei propri interessi ed obiettivi. Anche in questo caso dunque, la norma deve essere introiettata più che imposta, ma anche piegata e utilizzata attraverso un processo di soggettivazione e resistenza immanente, che per Foucault è consustanziale al potere stesso. Il biopotere, erede della tradizione del pastorato cristiano, governa *omnes et singulatim*, prendendosi cura della collettività nei suoi elementi comuni, e insieme preoccupandosi di ricondurre all'ovile coloro che si smarriscono: in altri termini, di eliminare la devianza.

Da non confondere con il popolo, in quanto soggetto politico, sede della volontà sovrana, la popolazione è un altro oggetto dei poteri/saperi. Estraendo la norma dalla popolazione, i saperi governamentali si preoccupano di indirizzare i comportamenti individuali verso la produttività e l'efficienza, senza obbligare o sanzionare chi devia dal percorso. Piuttosto, il sapere convince, indirizzando

[66] M. Foucault, *Sicurezza, territorio, popolazione*, cit.; sul punto cfr. S. Luce, *Fuori di sé. Poteri e soggettivazioni in Michel Foucault*, Mimesis, Milano-Udine 2009; S. Chignola, *Foucault oltre Foucault. Una politica della filosofia. Seminari*, DeriveApprodi, Bologna 2014.

verso il 'meglio', alla luce di criteri oggettivizzati quali efficienza, efficacia, ottimizzazione. La cornice è quella di una libertà individuale [67], nella quale però la norma funge da inevitabile argomento di persuasione: l'obiettivo è l'accrescimento della *fitness* [68] individuale, delle capacità fisiche, produttive e creative dell'individuo. Dunque, la norma non viene imposta, ma è tanto più penetrante, tanto più efficace, quanto più si presenta come il frutto di una libera scelta di chi, adeguandosi in nome del proprio interesse, vi si assoggetta, includendola nel proprio processo di soggettivazione.

Intrecciando sovranità hobbesiana e biopolitica foucaultiana, Giorgio Agamben individua nell'eccezione e nel bando sovrano l'elemento costitutivo del potere statale. La presa in carico della vita, in questa lettura è un elemento interno della sovranità. La norma assume qui il ruolo radicale di criterio distintivo fra umano e non umano, *phusys* e *nomos*, natura e società. È il bando sovrano a stabilire quali sono le vite qualificate, (*bios*), che fanno parte dell'ordine sociale, e quanti sono respinti nella *nuda vita* (*zoè*), in quella soglia di indistinzione che sta fra la città e la foresta, fra la civiltà e lo stato di natura. Queste ultime, spiega Agamben, sono vite sottratte alla qualificazione dell'umano, e dunque contemporaneamente insacrificabili, cioè non suscettibili di essere sacrificate agli dei, e liberamente uccidibili, in quanto la loro uccisione non potrebbe qualificarsi come omicidio. Esse sono vite messe al bando, meramente biologiche, sottratte all'ordine sociale e dunque «disponibili» per chiunque voglia afferrarle [69].

[67] M. Foucault, *Nascita della biopolitica. Corso al Collège de France (1978-1979)*, tr. it. a cura di M. Bertani, V. Zini, Feltrinelli, Milano 2017.

[68] «Subordinata comunque al tema della sopravvivenza [...], la *fitness* diventa obiettivo dell'ingegneria sociale, ma anche criterio-guida dell'attuale bioeconomia»; L. Bazzicalupo, *Biopolitica. Una mappa concettuale*, Carocci, Roma 2010, p. 27.

[69] L'anfibologia del termine 'bando', come spiega lo stesso Agamben, è al centro della sua teoria: bandire significa insieme espellere, escludere (mettere al bando), e rendere disponibile a tutti, aprire (mensa bandita, bandire un concorso). Il bando sovrano dunque configura quella decisione dell'autorità che, espellendo

La ricostruzione di Agamben parte dall'antica formula romana della sacertà (*sacer esto*), individuando la liminalità del bando anche nella successiva *lex salica* e nel bando medievale. Nella modernità è invece il sapere medico, con il suo discorso sul *bios* a qualificare i confini del bando sovrano.

La situazione che viene creata dall'eccezione, pertanto, ha la particolarità di non poter essere definita né come una situazione di fatto né come una situazione di diritto, ma istituisce fra queste una paradossale soglia di indifferenza. È questo il senso ultimo del paradosso formulato da Schmitt, quando scrive che la decisione sovrana «dimostra di non aver bisogno del diritto per creare diritto» [70]. Nell'eccezione sovrana si tratta, infatti, non tanto di controllare o neutralizzare un eccesso, quanto, innanzi tutto, di creare e definire lo spazio stesso in cui l'ordine politico-giuridico può avere valore. Essa è, in questo senso, la localizzazione (*Ortung*) fondamentale, che non si limita a distinguere ciò che è dentro da ciò che è fuori, la situazione normale dal caos, ma traccia fra di essi una soglia (lo stato di eccezione) a partire dalla quale interno ed esterno entrano in quelle complesse relazioni topologiche che rendono possibile la validità dell'ordinamento.

L''ordinamento dello spazio', in cui consiste per Schmitt, il *Nomos* sovrano, non è, pertanto, solo 'presa della terra' (*Landnahme*), fissazione di un ordine giuridico (*Ordnung*) e territoriale (*Ortung*), ma, innanzitutto, 'presa di fuori', eccezione (*Ausnahme*) [71]. Per questo, prosegue Agamben:

una vita (*bios*) dalla società, la riporta alla sua connotazione meramente biologica (*zoè*). Nel farlo però la rende al contempo disponibile a chiunque voglia prenderla, includendola in quell'area di indistinzione che è il bando sovrano.

[70] C. Schmitt, *Teologia politica*, in *Le categorie del 'politico'*, tr. it. a cura di P. Schiera, il Mulino, Bologna 1972, p. 40.

[71] G. Agamben, *Homo Sacer. Il potere sovrano e la nuda vita*, Einaudi, Torino 2005, p. 23. La stessa categoria di *homo sacer* ricalca, radicalizzandola nel biologico, la distinzione esistenziale fra *amicus* e *hostis* che secondo Carl Schmitt rappresenterebbe il fondamento stesso del politico. Nelle sue parole: «Il significato della distinzione di amico e nemico è di indicare l'estremo grado di intensità di

«il diritto ha carattere normativo, è norma (nel senso proprio di squadra) non perché comanda e prescrive, ma in quanto deve innanzitutto creare l'ambito della propria referenza nella vita reale, normalizzarla» [72].

Questa normalizzazione, che è necessaria per la costituzione dello spazio giuridico-politico, passa per Agamben attraverso i corpi dei viventi. È su di essi, sulla loro normalità o anormalità, sul loro carattere di vita degna o indegna, qualificata o messa al bando, e dunque appartenente a quella zona di indistinzione in cui si esercita il potere sovrano, che la norma agisce. La biopolitica foucaultiana dunque, in quanto presa in carico del vivente da parte del politico, viene in questo caso non solo presa all'interno della tradizione moderna della sovranità, ma addirittura posta nel suo cuore pulsante. Ma in questa presa, essa per così dire cambia di segno, diventando tanatopolitica, politica della morte: sui corpi viventi, sulla loro qualificazione, viene tracciato il confine tra *phusys* e *nomos*, fra natura caotica e società organizzata. O, per riprendere termini tipicamente hobbesiani, fra guerra e pace. Nel costituire e preservare il secondo elemento, il sovrano incarna e utilizza il primo, designando quelle vite che, in quanto *sacrae*, sono incluse nell'ordinamento solo in quanto uccidibili.

Per questo sovrano e *homo sacer* appartengono alla stessa area

un'unione o di una separazione; essa può sussistere teoreticamente e praticamente senza, nello stesso tempo, debbano venir impiegate tutte le altre distinzioni morali, estetiche, economiche o di altro tipo. Il nemico politico […] è semplicemente l'altro, lo straniero (*der Fremde*) e basta alla sua essenza che egli sia esistenzialmente, in un senso particolarmente intensivo, qualcosa d'altro e di straniero, per modo che, nel caso estremo, siano possibili con lui conflitti che non possano venir decisi né attraverso un sistema di norme prestabilite né mediante l'intervento di un terzo 'disimpegnato e perciò 'imparziale'»; C. Schmitt, *Il concetto di politico*, cit., p. 109. La distinzione, che esula da qualsiasi elemento morale, estetico o economico, è demandata ancora una volta al sovrano. Il quale, assieme allo stato di eccezione (cioè di guerra), qualifica anche la comunità del popolo che egli rappresenta assieme a quella degli stranieri a cui il popolo si oppone.

[72] G. Agamben, *Homo Sacer*, cit., p. 31.

di indistinzione: entrambi, pur se alle estremità opposte, si muovono in quella zona di indistinzione tra *phusys* e *nomos*, che insieme eccede entrambe e permette la loro esistenza. Il bando è il nome di questa relazione. Ancora nelle parole di Agamben:

> «Il bando è propriamente la forza, insieme attrattiva e repulsiva, che lega i due poli dell'eccezione sovrana: la nuda vita e il potere, l'*homo sacer* e il sovrano [...]. È questa struttura di bando che dobbiamo imparare a riconoscere nelle relazioni politiche e negli spazi pubblici in cui ancora viviamo» [73].

È importante sottolineare quanto sul punto la concezione di Agamben si allontani dalla biopolitica foucaultiana. Se come abbiamo visto, il primo sembra individuare nel paradosso della sovranità un nesso «inestricabile tra diritto e vita, sostenendo una sovrapposizione, una indiscernibilità, tra il discorso giuridico e la biopolitica», per il secondo «la logica sovranista e quella biopolitica si intersecano, ma non si sovrappongono: norma e legge, normalizzazione e normatività, territorio e popolazione, ne segnano rispettivamente i criteri di funzionamento, malgrado spesso divengano sempre più sfumati, meno chiari» [74].

Come in una struttura di Escher, proprio questo bivio – all'incrocio fra eccezione e governamentalità (nella sua più recente incarnazione neoliberale) – ci riconduce per certi versi alla sovranità [75], seppur ad una incarnazione piuttosto diversa da quella immaginata da Hobbes all'alba di Westfalia.

[73] *Ivi*, p. 123.

[74] A. Tucci, *Immagini del diritto. Tra fattualità istituzionalistica e agency*, Giappichelli, Torino 2012, p. 22.

[75] Del resto, come per altri versi scrivono Sandro Mezzadra e Brett Neilson, sebbene Agamben punti a concepire una forma della politica che vada oltre lo stato, il suo argomento di base resta «pesantemente influenzato dalla dall'interpretazione schmittiana della sovranità come la stessa condizione di possibilità della validità della norma giuridica e, con questa, il senso stesso dell'autorità statuale». Una prospettiva che, sempre secondo gli autori, «rischia di cancellare i movimenti

5. *Esclusioni o confinamenti?*

Nel 2018 l'hashtag #Chiudeteiporti ebbe per alcuni giorni una certa risonanza nei socialnetwork italiani, guadagnando così la ribalta anche sui media 'tradizionali'. Il motto conteneva un provocatorio invito a impedire l'entrata nei porti italiani delle navi ONG con a bordo migranti salvati nel mar mediterraneo e giungeva durante la 'crisi' dei migranti dell'estate 2018, trovando nel governo italiano, soprattutto nella figura dell'allora ministro degli interni, una sponda e un megafono.

Al di là delle reazioni e dei giudizi in merito alla visione e alla strategia sottesa a questo tipo di esternazioni, in questo quadro, sono l'uso e il successo stesso della locuzione ad apparire interessanti, tanto più che ad essa ha fatto seguito senza farsi troppo attendere, l'invito esatto e contrario. Lo slogan si inseriva insomma in un contesto complesso, profondamente interconnesso con evidenti rimandi a risvolti politico-amministrativi, nonché ovviamente giuridici [76].

A cinque anni di distanza, le politiche migratorie – a livello nazionale e internazionale – non hanno riportato sostanziali modifiche se non in direzioni ancora più restrittive. Soprattutto, l'approccio è rimasto quello emergenziale, piuttosto che consoli-

e le lotte attraverso cui i migranti sfidano quotidianamente il confine, facendo di quest'ultimo il luogo 'sia della legge […] sia della sua critica negativa'». S. Mezzadra, B. Neilson, *Confini e frontiere*, cit., p. 240.

[76] Si ricordi ad esempio, la questione della nave ONG *Open Arms*, battente bandiera spagnola. Alla nave, che trasportava diverse decine di migranti salvati nel Mar Mediterraneo, è stato impedito lo sbarco in Italia; successivamente la procura di Catania ha disposto il sequestro della nave, con l'ipotesi di reato di associazione per delinquere finalizzata all'immigrazione clandestina. Sulla vicenda: A. Camilli, *L'Italia può chiudere porti alle navi delle ong?*, in «Internazionale», 18 giugno 2018: www.internazionale.it/bloc-notes/annalisa-camilli/2018/06/11/porti-immigrazione-ong, e Il fatto quotidiano, *Migranti, nave Open Arms: divieto di attracco nei porti italiani. Toninelli: "Disposto per motivi di ordine pubblico"*, in «Il fatto quotidiano», 29 giugno 2018: https://www.ilfattoquotidiano.it/2018/06/29/migranti-nave-open-armsdivieto-di-attracco-nei-porti-italiani-toninelli-disposto-per-motivi-di-ordine-pubblico/4461286/.

darsi nella gerenza di un fenomeno strutturale e di lungo periodo quale è. Tale inquadramento è funzionale alla legittimazione di strumenti di gestione puntuali ed eccezionali, con conseguente limitazione dei diritti dei migranti nell'ambito delle politiche d'accoglienza. In questo modo, la direzione emergenziale da parte del potere statale trasforma le aree marittime in una zona di confine mobile, che filtra in maniera attiva la presenza dei migranti, relegandoli in uno *status* giuridico deprivato di alcuni diritti e riconoscimenti.

Nel contesto dei paesi mediterranei, coinvolti nelle 'crisi migratorie', lo spazio portuale assurge a paradigma del luogo di confine, dato che nelle nazioni e nei territori con forte proiezione marittima è soprattutto lo spazio dei porti a rappresentare quella apertura verso l'esterno che permette di evocare la paura della vulnerabilità che legittima la retorica dei 'nuovi muri'.

L''emergenza' migrazioni continua ad occupare uno spazio mediatico di primaria rilevanza. Il fenomeno migratorio, che coinvolge in entrata e in uscita la gran parte, se non la totalità, delle regioni del mondo, viene gestito come perenne emergenza dai governi di tutto il pianeta, e si inscrive, quasi per antonomasia, all'interno della dinamica della moltiplicazione del lavoro e del «confine come metodo»[77]. Più in generale, il destino dei migranti può essere letto come il paradigma di un confine che, pur essendone influenzato, non si ferma affatto alla dimensione spaziale e geografica, ma continua, consumandosi sui corpi di individui e comunità, alimentandosi delle faglie identitarie, etniche, razziali e biologiche che costituiscono il vivere in comune.

Quello che caratterizza la questione migratoria – o meglio che appare particolarmente visibile in essa – è l'uso strategico delle vite dei migranti, presi in un dispositivo di governo che, tramite l'esclusione sovrana, permette la loro inclusione all'interno di un

[77] Come è noto, l'espressione di Mezzadra e Neilson, dà il titolo all'edizione inglese del già citato *Confini e Frontiere*: S. Mezzadra, B. Neilson, *Border as Method, or, the Moltiplication of Labor*, Duke University Press, Durham 2013.

meccanismo di dominio e sfruttamento indispensabile per lo sviluppo del capitale globale[78].

Gli spazi portuali rappresentano forse qualcosa di ancora più paradigmatico rispetto alle frontiere terrestri su cui sorgono i nuovi muri, dato che essi forniscono un ritratto oleografico – in tutta la sua contraddizione – della coesistenza di vulnerabilità paranoico-identitaria e sconfinamento economico. Luogo per antonomasia del transito e del passaggio, il porto è per vocazione l'istituzione del libero scambio e dell'incontro, crocevia di culture. Più di ogni altro luogo, il porto è la soglia di comunicazione verso l'esterno, ma anche il primo filtro verso l'interno. Da un punto di vista geopolitico i porti sono potenzialmente tra i nodi più rilevanti per il controllo del potere marittimo[79], dunque strategici nel confronto fra potenze sovrane.

Oggi il porto è il teatro sul quale, con più evidenza, si consuma l'ambiguo dramma della contemporaneità: sconfinamento del capitale e chiusura identitaria. Ma è anche una delle zone di confine nelle quali forse con più facilità può verificarsi quella coincidenza fra zona di contatto e zona di traduzione immaginata da Apter[80], un luogo di confine in cui la pratica del contatto produce incessantemente un linguaggio in traduzione che supera l'identità di quelli di partenza e di arrivo[81].

[78] Sulle diverse forme di sfruttamento e sui fenomeni di *commodification* del corpo umano cfr. V. Giordano, *Le regole del corpo. Costruzioni teoriche e decisioni giudiziarie*, Giappichelli, Torino 2018.

[79] Sul punto cfr. A.T. Mahan, *The influence of Sea Power Upon History, 1660-1783*, Little, Brown & Co., Boston 1890.

[80] Nelle parole dell'autrice: «In fastening on the term "zone" as a theoretical mainstay, the intention has been to imagine a broad intellectual topography that is neither the property of a single nation, nor an amorphous condition associated with postnationalism, but rather a zone of critical engagement that connects the "l" and the "n" of transLation and transNation. The common root "trans" operates as a connecting port of translational transnationalism (a term I use to emphasize translation among small nations or minority language communities), as well as the point of debarkation to a cultural caesura a transation where transmission failure is marked»; E. Apter, *The Translation Zone. A New comparative literature*, Princeton University Press, Princeton 2006, p. 5.

[81] S. Mezzadra, B. Neilson, *Confini e frontiere*, cit., p. 386.

Proprio per questo, nella visione identitaria, il porto diventa il paradigma dell'esposizione al corpo estraneo, attraverso la quale, l'*immunitas* di una comunità che si vorrebbe integra, indipendente e proiettata verso la propria espansione, può essere al contempo rappresentata come sotto minaccia da parte di un esterno caotico e aggressivo. Poco importa se gran parte delle migrazioni avvengono in condizioni che mettono a rischio la sopravvivenza dei migranti – esponendoli a sfruttamenti, privazioni e violenze – e attraverso approdi fortunosi. Ciò che con la 'chiusura dei porti' si promette di recidere è la responsabilità verso un'alterità che reclama il proprio diritto di passaggio e, con esso, il proprio diritto ad avere diritti. Ciò che però si ottiene è la costruzione di uno spazio liminale, in cui forza lavoro priva di diritti può essere assoggettata alle mutevoli necessità della produzione.

La vita dei migranti, che in quei porti vedono una tappa necessaria del loro viaggio, diventa il nodo di tensioni politiche e istituzionali complesse e radicali. 'Chiudere i porti' è così la versione mediterranea del muro transfrontaliero tra Messico e Stati Uniti, o del filo spinato ai confini dell'Ungheria di Orbán: il tentativo di ridefinire uno spazio unitario, costruito su una netta dicotomia tra interno ed esterno, escludendo tutto ciò che non risponde ad un 'Noi' immaginato staticamente come identico a sé stesso [82].

Se dunque confini controllati, muri invalicabili e restrizioni alla circolazione sembrano un paradosso in un'epoca 'globale', nella quale i capitali dell'alta finanza si muovono continuamente alla ricerca di

[82] Il 7 luglio 2023, Orban ha dichiarato che l'Ungheria non avrebbe attuato il patto europeo sui migranti. Secondo il presidente ungherese, tale decisione sarebbe a difesa dell'intera Europa; inoltre, le quote decise a Bruxelles implicherebbero un aiuto per l'Italia ma un problema per l'Austria; Ansa.it, *Orban, 'non attueremo il Patto sui migranti, è inefficace'*, in Ansa.it 7 luglio 2023: https://www.ansa.it/europa/notizie/rubriche/altrenews/2023/07/07/orban-senza-ungheria-e-serbia-molti-piu-migranti-in-europa_4a7b29de-901c-4760-a657-9f51c49c5336.html. In questo modo Orban ha in fondo confermato l'implicita aporia di qualsiasi alleanza fra ultranazionalismi e il destino distruttivamente contraddittorio delle contrapposizioni identitarie.

territori economicamente (e tributariamente) più vantaggiosi, sistemi di telecomunicazione permettono una condivisione di dati quasi istantanea, e le interdipendenze giuridiche scontornano i bordi sia spaziali che categoriali della sua tradizione, a ben guardare essi rientrano proprio nel dispositivo complesso che permette tali aperture.

È dunque questa ambigua rappresentazione che deve essere demistificata, per comprendere l'ambivalenza che regge la governamentalità contemporanea.

È evidente allora che la costruzione degli spazi e la moltiplicazione dei confini – tanto nella loro localizzazione topologica quanto nella loro concretezza incarnata – rappresentino una dinamica focale nella configurazione del sistema globale. Al di là degli sconfinamenti del 'digitale', la realtà sociale è basata ancora sulla sua dimensione materiale, sulla concretezza delle sue linee di confine, sulla definizione di spazi fisici che costituiscono però topologie complesse e assai meno stabili di un tempo, in grado di produrre soggettivazioni mobili, complesse e plurali.

Se finora abbiamo osservato tale fenomeno di soggettivazione e assoggettamento a partire dalla prospettiva della forza lavoro e del dramma dello sfruttamento delle migrazioni, non va dimenticato che la questione migratoria è oggi solo uno dei nodi che riportano in primo piano quel luogo della decisione sovrana che è il confine, con tutta la sua carica di autorità e violenza.

Il tentativo di superare i limiti imposti dalle geografie nazionali da parte dei migranti, e la resistenza rappresentata dal successo delle destre ultranazionaliste, rivela quanto sia complessa e problematica la generale tendenza allo sconfinamento dei flussi globali: è la stabilità della contrapposizione interno/esterno ad essere messa in discussione dalla mobilità di *agency* che ne richiedono la ridefinizione a vari livelli e su più fronti.

La dinamica indeterminata di potere e resistenza che si consuma sulle faglie mobili della norma coinvolge infatti diversi temi e soggettività, che attraverso il discorso pubblico e mediatico chiamano politica, istituzioni e individui a prendere decisioni, spesso complesse, che mettono perennemente in discussione certezze fragili.

Ma è proprio l'apparizione di tale complessità irriducibile, al di là di qualsiasi rappresentazione molare o semplificatoria, a costituire la necessità e insieme la sfida dei discorsi e delle pratiche contemporanee.

Uno dei cardini fondamentali di questa complessità è il regime di compatibilità fra paradigmi contraddittori di cui esso si nutre. Così, il meccanismo della sovranità, lungi dallo scomparire, si inserisce oggi nell'ampio e contraddittorio contesto neoliberale. I confini nazionali, così come l'esercizio della sovranità cui sono ontologicamente legati nella visione moderna, diventano in tale contesto la sede e lo strumento della pratica governamentale, e biunivocamente il luogo delle resistenze, dei contropoteri e delle soggettivazioni che adattandovisi, ne provocano la costante trasformazione.

Ad essere chiamata a giudizio, non solo dai migranti, ma dal femminismo, dai movimenti LGBTQ+, dall'ecologismo ecc. è l'inamovibilità di un ordine che, pur scopertosi artificiale, rifiuta per molti versi la messa in discussione dei propri fondamenti, dei propri limiti, dei propri confini.

È dunque il nucleo fobico del pensiero identitario ad essere evocato per legittimare politiche di repressione e confinamento, dando spazio ad un disagio non formalizzato e non riconosciuto che periodicamente esplode in parossistiche manifestazioni di violenza, nell'eccedenza e nell'illimite della guerra e della rivolta [83].

Le aperture e gli sconfinamenti costanti dell''assemblaggio globale' oscurano la permanenza di linee di frattura mobili, lungo le quali si consumano costantemente quei conflitti per la vita che sono il motore stesso del suo ordine dinamico, del suo eterno movimento. Ciò che resta fuori dalla rappresentazione di un mondo

[83] Si può ricorrere qui all'immagine dello straniero e alla relazione perturbante e potenzialmente violenta che caratterizza il suo rapporto con il "noi": «[...] lo straniero», come ha scritto Kristeva, «percepito come invasore fa emergere in chi ha radici proprie una passione sepolta: quella di uccidere *l'altro*, prima temuto o disprezzato, poi promosso dal rango di rifiuto e immondizia a quello di persecutore potente contro il quale un "noi" si solidifica per vendicarsi»; J. Kristeva, *Stranieri a sé stessi*, tr. it. a cura di A. Serra, Feltrinelli, Milano 1990, p. 24.

sconfinato, l'osceno che regge il palco della interrelazione globale è insomma l'acutizzarsi di scontri su faglie che si fanno sempre più calde; scontri che è sempre più difficile mettere in forma, e che talvolta esplodono in tutta la propria violenza. Lo scoppio del conflitto fra Ucraina e Russia nel cuore di un'Europa 'pacificata' non è altro, in fondo, che l'ultimo esempio – non certamente l'unico – della prosecuzione di uno scontro che stenta a trovare la sua messa in forma politica perché, oscurato dalla logica neoliberale dell'economia globale, si concretizza nell'identitarismo populista e nazionalista.

Il ri-espandersi di aree di caos geopolitico, in fondo, è il sintomatico riemergere di un conflitto negato dalla pacificazione economica e apparentemente a-politica del contrattualismo mercantile. Ciò che è dietro la crescita economica e l'ordine istituito insomma, continua ad essere un conflitto negato, che torna in una molteplicità di forme ad inquietare i sogni di benessere di un progresso economico che si regge sulla crescita delle disuguaglianze. È dunque necessario comprendere questa logica e rimettere il conflitto al centro della questione politica.

Proprio in prossimità dei confini spaziali, identitari e normativi la forza tensiva di questa 'inclusione escludente' manifesta tutta la propria ambivalenza: da un lato dando vita a esperienze di lotta e soggettivazione divergenti, in grado di proporre forme di convivenza alternative; dall'altro esplodendo in tutta la propria violenza. È in questi momenti e lungo queste faglie, che baluginano per un istante le regole 'oscene' che sottendono all'apparente irenismo della *governance* neoliberale, e in cui si rivela la molteplicità dell'esistenza, oltre le maschere delle nostre '*dramatis personae*'.

Capitolo Terzo

Soggetti

1. *L'homo oeconomicus nell'eccezione neoliberale*

Come gli avvenimenti degli ultimi anni ci ricordano, le voci sulla fine della Storia erano evidentemente esagerate, se con fine della Storia intendiamo il compimento necessario di un determinato processo, cioè quell'alleanza fra democrazia e liberalismo economico uscito trionfante dalla guerra fredda [1]. I conflitti che quella formula – soprattutto nella versione *post-welfarista* e neoliberale che a partire dagli anni '70 del secolo scorso ha trovato nella disuguaglianza e nella competizione i propri cardini – esplodono oggi in tutta la loro emergenza. Dalla crescita delle disuguaglianze alla crisi ambientale, dai conflitti sociali a quelli geopolitici e militari, il non-detto torna (ma meno ipocritamente sarebbe meglio dire continua) ad urlare la propria presenza.

La democrazia liberale attraversa oggi una profonda crisi di funzionamento e di legittimazione, testimoniata da alcuni dati sulla diffusione effettiva dell'*ethos* e delle forme democratiche [2].

[1] Il riferimento è a F. Fukuyama, *La fine della storia e l'ultimo uomo*, tr. it. a cura di D. Ceni, Rizzoli, Milano 1992. Sul punto cfr. anche l'intervista rilasciata dall'autore alla rivista svizzera NZZ am Sonntag: F.E. Miller, F. Fukuyama, *Francis Fukuyama: «Das Ende der Geschichte ist vertagt»*, in «NZZ am Sonntag», 18 marzo 2017: https://magazin.nzz.ch/notizen/francis-fukuyama-ende-geschichte-ist-vertagt-ld.152130.

[2] Secondo un rapporto della ONG *Freedom House*, ad esempio, negli ultimi dieci anni si è assistito ad una costante diminuzione nella quantità dei paesi democratici, ma anche nella qualità delle democrazie nazionali. A testimoniarlo non sono solo i dati, ma anche il successo dei molti movimenti populisti nel cuore del-

Uscita vincente dagli scontri ideologici del XX secolo, la narrazione liberale viene oggi rimessa in discussione dall'evolversi mutevole di una comunità internazionale lacerata da disuguaglianze sociali, crisi politiche ed economiche ed emergenze climatiche e geopolitiche. Tanto all'interno dei singoli stati quanto nel fuori del teatro internazionale, l'acuirsi di differenze e iniquità provoca la riemersione e l'esasperazione di antiche e incancrenite contrapposizioni[3]. Così il sogno della democratizzazione, sviluppato dagli alti e bassi delle vicende della modernità, sembra arretrare di fronte agli incubi di un futuro incerto. La prospettiva post-storica fa i conti con gli spettri di un passato ancora presente e di un futuro tanto incerto quanto pressante, turbando il riposo di una democrazia in fase di ristagno, quando non di regressione. Ciò che turba il sonno post-storico dell'illimitato e inarrestabile progresso economico è l'inevitabile riemersione del grande rimosso da cui la rappresentazione è resa possibile: il conflitto. Dietro il placido sipario della logica economica, continuano ad agitarsi, ormai impossibili da ignorare, le *dramatis personae* nella loro concreta lotta per la sopravvivenza e il riconoscimento. Ignorato, il conflitto non scompare, ma trova altre forme di espressione, spesso nell'illimite della violenza.

Comprendere la *governance* globale significa allora afferrarne in maniera sinottica la fondamentale ambivalenza: da un lato la libertà del capitale esonda, ridisegnando confini spaziali, sociali e giuridici; dall'altro si assiste ad irrigidimenti identitari, che si con-

l'occidente, e l'emergere di *leadership* nazionali refrattarie alle forme tipiche delle democrazie parlamentari. Sul punto cfr. Freedom House, *Democracy in Retreat*: https://freedomhouse.org/report/freedom-world/2019/democracy-retreat.

[3] Da George Floyd a Michel Zecler, la cronaca ha fornito diversi esempi di come la convivenza nelle democrazie occidentali non sia affatto un dato scontato, e di quanto il diritto sia «cieco» di fronte alle linee razziali ed etniche, ma anche culturali ed economiche che attraversano le metropoli e le nazioni dell'occidente. Cfr. sul punto N. Gotanda, *La nostra costituzione è cieca rispetto al colore: una critica*, in K. Thomas, G. Zanetti (a cura di), *Legge, razza e diritti. La "Critical Race Theory" negli Stati Uniti*, Diabasis, Roma-Bari 2005, pp. 27-69.

cretizzano in barriere di ingresso e repressioni la cui brutalità non ha nulla da invidiare alle più rigide esclusioni della modernità.

Il diritto si fa sconfinato, come scrive Ferrarese, in un duplice senso. In primo luogo, esso ridisegna i confini territoriali, come nel caso ad esempio della *lex mercatoria*, configurando geografie che, come abbiamo visto, non sono più sovrapponibili a quelle dell'assemblaggio nazionale. In secondo luogo, e consequenzialmente, il capitale erode la netta distinzione moderna fra pubblico e privato, determinando il passaggio dalla trascendenza della sovranità ad un reticolo governamentale di poteri apparentemente acefali e di difficile individuazione.

L'esistenza dell'equilibrio complessivo appare sempre più determinata da un'efficacia immanente e strategica, piuttosto che dalle forme di un potere effettivo e validato dalla rappresentanza democratica. Le forme della legittimità si affiancano e si appoggiano alla dimensione dell'efficacia.

Per descrivere l'equilibrio della *global governance* si può allora richiamare la nota immagine della struttura 'reticolare' dato che, come spiega Rosenau essa si riferisce ad attività «sorrette da obiettivi condivisi che derivino o meno da responsabilità giuridiche prescritte formalmente» [4]. L'ordine è dunque determinato in ultima istanza dal libero coordinarsi di *agency* contrapposte. Più che risul-

[4] «[...] governance is not synonymous with government. Both refer to purposive behavior, to goal-oriented activities, to systems of rule; but government suggests activities that are backed by formal authority, by police powers to ensure the implementation of duly constituted policies, whereas governance refers to activities backed by shared goals that may or may not derive from legal and formally prescribed responsibilities and that do not necessarily rely on police powers to overcome defiance and attain compliance. Governance, in other words, is a more encompassing phenomenon than government. It embraces governmental institutions, but it also subsumes informal, non-governmental mechanisms whereby those persons and organizations within its purview move ahead, satisfy their needs, and fulfill their wants». J.N. Rosenau, *Governance, Order, and Chang in World Politics*, in J.N. Rosenau, E.O. Czempiel (a cura di), *Governance without government: Order and Change in World Politics*, Cambridge University Press, Cambridge 1992, pp. 4-5.

tare dall'adesione – sempre tensiva e tendenziale – dei fenomeni ad un modello normativo, esso sorge dal caos immanente delle azioni individuali e strategiche. I vincoli non sono posti da una decisione sovraordinata, ma dalle relazioni fra soggetti in continuo adattamento. Mutamenti che vanno in direzione dell'immanenza e che rinviano ovviamente al concetto foucaultiano di governamentalità, in quanto complesso dispositivo di potere delle e sulle vite. Un potere non più solamente predatorio e negativo, ma produttivo e incrementale: «il potere governamentale, diversamente dal potere sovrano, è un potere relazionale, transitivo che può definirsi in senso lato, bio-politico perché produce soggettivazioni» [5].

Come visto precedentemente, rinunciando ad un soggetto predato, il concetto di governamentalità indaga le relazioni di potere attraverso le quali i soggetti stessi vengono prodotti e si producono attraverso pratiche di assoggettamento e soggettivazione sempre *in fieri*. Della locuzione 'potere', Foucault sottolinea innanzi tutto il significato di verbo, allontanandosi dalla più rigida concezione sostantiva: potere è cioè inteso come ciò che 'si può', all'interno di un contesto reticolare e relazionale prodotto e trasformato dalle azioni concrete, eterogenee e localizzate che si danno in un determinato assetto di possibilità di azione e di discorso. Più che un'entità astratta, limitata e appropriabile, esso viene visto come un insieme eterogeneo e ubiquo di pratiche, relazioni, adattamenti, discorsi, in grado di influenzare l'agire concreto.

Di questa complessa definizione fanno parte tanto le espressioni di forza legittima, l'apparato sanzionatorio dello stato, quanto la capacità di convincimento dei saperi esperti e dei discorsi di verità. Quest'ultima dunque, non si contrappone al potere come qualcosa di esterno e limitante, ma ne fa parte in maniera biunivoca, come prodotto e insieme elemento.

Facendo propria la tradizione del pastorato medievale, il dispositivo governamentale dirige *omnes et singulatim*: non attraverso

[5] L. Bazzicalupo, *Governamentalità: pratiche e concetti*, in «Materiali per una storia della cultura giuridica», 2, 2013, pp. 395-413, p. 397.

le distinzioni nette del potere sovrano, il diritto di spada, ma attraverso la persuasione di un potere/sapere seducente, incrementale [6], tendenzialmente inclusivo e, proprio per questo, molto più pervasivo.

Quella neoliberale, insomma, resta una narrazione, fondata su una articolazione di saperi proposta come oggettiva e, dunque, post-ideologica. È tale logica a neutralizzare le energie politiche alla base del progetto democratico, svuotandone le forme. Eppure, come già osservato, domanda e offerta di rafforzamento di confini, presenti nella retorica mediatica così come sul piano simbolico dei provvedimenti normativi, rimandando alla persistenza concretissima della sovranità. Una sovranità che gestisce vite, agisce in maniera sempre più diretta e specifica, dunque sempre meno generale e astratta: sempre più eccezionale [7].

Proprio l'eccezione è, come vedremo, un concetto centrale nella comprensione degli equilibri neoliberali, e del loro rapporto problematico con l'*eidos* democratico. Non più momento originario e fondativo dell'ordine giuridico-politico, l'eccezione si innesta nel tessuto neoliberale, tornando in forme diverse ogni qual volta la devianza richiede di essere ricondotta nell'alveo della normalità o, al contrario, quando per prosperare l'ordine del mercato richiede un'eccezione a sé stesso. Lo stato sovrano, con la sua capacità normativa, rappresenta un nodo centrale nella moltiplicazione dei confini e nel-

[6] M. Foucault, *Nascita della biopolitica. Corso al Collège de France (1978-1979)*, tr. it. a cura di M. Bertani, V. Zini, Feltrinelli, Milano 2017.

[7] «Oggi la questione delle frontiere non si pone affatto», ci ricorda Foucault in un brano dall'impressionante attualità: «Quello che propone lo stato come patto al suo popolo è "Sarete protetti" [...] Lo stato che garantisce la sicurezza è uno stato obbligato a intervenire in ogni occasione in cui la trama della vita quotidiana è lacerata da un singolo evento eccezionale. Di colpo la legge non è più adatta; improvvisamente sono necessarie queste specie di interventi, il cui carattere eccezionale, extra-legale, non dovrà più apparire come segno di arbitrio o di un eccesso di potere, ma al contrario come di una attenzione premurosa». M. Foucault, *La strategia dell'accerchiamento. Conversazioni e interventi 1975-1984*, tr. it. a cura di A. Inzerillo, A.L. Carbone, Duepunti, Palermo 2009, pp. 71-72.

la costruzione degli spazi che permettono il funzionamento di questa logica. Come ha giustamente osservato Bazzicalupo:

> «Protagonista dell'ordine moderno, lo Stato non viene meno, ma funziona all'interno di reti socio-spaziali e trans-nazionali di potere: è da queste reti che bisogna prendere le mosse per comprendere le istituzioni locali, nazionali, globali; non viceversa»[8].

Ripensare l'*eidos* democratico dunque, significa fare i conti con la molteplicità della rete, senza però cedere all'invito ideologico di trascurare le dinamiche disuguali di potere, neutralizzando i conflitti e le energie politiche che attraversano la società, animando forme di soggettività in fermento. La sfida, teorica e pratica, è quella di far riemergere il conflitto rimosso per riformularlo in modi di espressione e rappresentazione che ne liberino innanzi tutto la forza istituente, creativa, immaginaria, piuttosto che scatenare e cavalcare la tigre delle sue pulsioni più violente.

Il primo problema teorico da affrontare è proprio il paradosso (apparente) del potere contemporaneo: questa coesistenza di schizofrenia capitalista e comunitarismo paranoico; l'apertura verso un esterno sconfinato, che pare coincidere con il proliferare di chiusure identitarie, localismi settari e armati, in un dispositivo che non esplode delle sue contraddizioni, ma anzi prospera di esse. Disarticolando spazi, tempi e *status* delle forme della rappresentanza molare moderna, le linee di fuga della *governance* neoliberale neutralizzano in modi diversi ma co-agenti il meccanismo della legittimazione decisionale democratica, così come concepita dal pensiero moderno.

[8] L. Bazzicalupo, *Coesistenza*, in «Filosofia Politica», 1, 2017, pp. 47-58, p. 48. Ne deriva anche una mutazione dell'ordine temporale: «La successione cronologica cede alla simultaneità. La modernità è stata sempre una coesistenza di differenze che filosofia e istituzioni faticosamente portavano a sistema. Oggi la scena è spinta all'estremo e la tesi qui proposta è che questo dipende dalla razionalità neoliberale che sollecita questa coesistenza incoerente per governarla»; *ivi*, p. 47.

A risultare trasformata dal sistema neoliberale è innanzi tutto l'idea di soggetto, sia individuale che collettivo. Il popolo come attore politico è sostituito dalla popolazione come oggetto di governo, mentre al cittadino possessore di diritti viene sovrascritta la figura dell'*homo oeconomicus,* portatore di interessi e in competizione perenne sul libero mercato [9]. Proprio la capacità di perseguire i propri obiettivi, di valorizzare la propria forma di vita, costituisce il quadro ultimo di valutazione e legittimazione del governo. È in questo senso che il neoliberalismo mostra tutta la propria carica ideologica: dietro l'aspetto neutrale di insieme di saperi oggettivi e depoliticizzanti, esso:

> «esprime un preciso progetto di società, retto da diversi orientamenti politici e teorici, i quali riconoscono nel primato dell'iniziativa privata, prevalentemente di natura economica, la formula attorno alla quale organizzare il migliore modello di società possibile» [10].

Tale modello non si occupa di sintetizzare le differenze, riconducendole ad un'unità sistematica, ma le moltiplica in un quadro di normalità normativa, legittimato da un sapere/potere che promette l'*optimum economico* elevandolo ad unico, assoluto e onnipervasivo paradigma valutativo. In questo modo, spazi e momenti della decisione si moltiplicano e si polverizzano in una rete di *agency* chiamate ad operare in modo strategico per la difesa dei propri in-

[9] È importante notare sin da ora che, come scrive Provasi, quella neoliberale è una «competizione proattiva (e non meramente adattiva) tra una molteplicità di imprese tra loro differenti». È tale competizione ad «alimentare il processo di scoperta e ad assicurare così innovazione, crescita economica e sviluppo sociale, anche attraverso rotture dell'equilibrio di mercato e "distruzioni creatrici"». G. Provasi, *Dai trenta gloriosi all'affermazione del neoliberalismo: forme di integrazione e grandi trasformazioni*, in «Stato e mercato», 2, 2019, pp. 175-212, p. 191. Sul punto si veda anche W. Davies, *The limits of Neoliberalism. Authority, Sovereigty and the Logic of Competition*, SAGE, New York and London 2014.

[10] O. Giolo, *Il diritto neoliberale*, Jovene, Napoli 2020, p. 5.

teressi particolari piuttosto che per la tutela di diritti generali e astratti. Questi ultimi, d'altro canto, stentano a contenere la pluralità di richieste e istanze di riconoscimento che un mondo aperto e plurale costantemente presenta.

Si affievolisce il confine fra pubblico e privato, in una illusione di libertà che maschera – ma non cancella – conflitti, disuguaglianze e sperequazioni. Da un lato, le soggettività si fanno frattali: moltiplicandosi nelle proprie differenze, esse ripetono all'infinito il mantra governamentale, in quanto in-formate dallo stesso dispositivo di cui costituiscono una parte: è il *mandala* della competizione, in cui ogni attore, dal macro-soggetto collettivo (multinazionale, ONG, stato), all'individuo incarnato, è chiamato a trovare nella propria specificità l'arma più efficace per competere con gli altri.

Dall'altro lato, la *governance* crea eccedenze, scarti, devianze non funzionali ma potenzialmente sempre ri-funzionalizzabili al mercato: individui e gruppi a cui non sono date né le stesse possibilità di partenza, né tanto meno quelle di arrivo.

L'ambivalenza del paradigma neoliberale si esprime allora nel riservare ai soggetti qualificati, cioè meglio adattati alla normalità contingente, il modello della rete, relegando gli altri in regioni dell'ecosistema ancora caratterizzate da rigidità, immobilità, repressione. Il mondo si divide oggi fra turisti e vagabondi, per usare la nota metafora di Bauman: fra chi è libero di muoversi alla ricerca di nuove esperienze e opportunità e gli indesiderati che subiscono, mal tollerati, la necessità di una partenza [11]. Tuttavia, tale separazione non è mai definitiva. L'inclusione di oggi può sempre trasformarsi nell'esclusione di domani. Da qui il dovere di ciascuno di investire costantemente sul sé. Se l'inclusione non è mai definitiva, essa è eternamente condizionata dalla permanenza della capacità di investire sul sé, dalla responsabilità iper-individualistica di incrementare il proprio capitale umano [12]. È dunque una radicale

[11] Z. Bauman, *Dentro la globalizzazione. Le conseguenze sulle persone*, trad. it. a cura di O. Pesce, Laterza, Roma-Bari 1999.

[12] A venire meno nel capitalismo neoliberale è la stessa distinzione fra tempo

mutazione antropologica quella provocata dalla narrazione neoliberale: la sottoposizione di ogni aspetto della vita individuale e collettiva a quella 'griglia valutativa' che coincide con il modello dell'impresa, cioè l'*homo oeconomicus*.

Privo delle garanzie offerte dal legame ad un comune, per conservare la propria posizione l'*homo oeconomicus* è costretto ad un perenne adattamento, è soggetto alla eterna responsabilità della cura di sé. Come la regina di cuori in 'Alice nel Paese delle meraviglie', il soggetto contemporaneo non può rallentare anche solo per rimanere dov'è.

Le tecniche di governo tendono dunque ad includere, ma in maniera differenziale, strategica, graduata. Non escludendo di principio nessuno, esse filtrano selettivamente, in base alla compatibilità con criteri che variano a seconda degli obiettivi per i quali è messo in opera l'esercizio di governo. In questo quadro, anche la tutela dei diritti è demandata non più all'istanza generale e astratta della legge, ma alle capacità effettive (culturali, sociali, ma soprattutto economiche) degli agenti in campo, che si rivelano più o meno capaci di sfruttare le infinite pieghe del sistema per costruire la propria forma di vita.

En passant, si può osservare come questa prospettiva faccia emergere con chiarezza l'artificialità e la convenzionalità del normativo. Volendo fare un riferimento al piano teorico-giuridico, si può pensare alla definizione hartiana della norma come convenzione sociale e come strumento di valutazione, autovalutazione e ri-

di lavoro e tempo libero, con una progressiva messa a valore ed estrazione di plusvalore da ogni momento della vita umana. Sul punto si rinvia a A. Fumagalli, *Economia e politica del comune. Sfruttamento e sussunzione nel capitalismo biocognitivo*, Derive-Approdi, Roma 2017; E. Ostrom, *Governing the Commons: The Evolution of Institutions for Collective Action*, Cambridge University Press, Cambridge 1990; E. Ostrom, *A Behavioral Approach to the Rational Choice Theory of Collective Action: Presidential Address, American Political Science Association, 1997*, in «The American Political Science Review», 92 (1), 1998, pp. 1-22; E. Ostrom, *Understanding Institutional Diversity*, Princeton University Press, Princeton 2005.

chiesta di conformità [13]. In questa sua veste strumentale, la norma è attraversata, informata e vitalizzata, nella sua stessa esistenza deontica, dall'agire e dal comportamento dei consociati. Questi ultimi assumono un ruolo centrale nella conservazione e nella produzione stessa del giuridico, poiché la norma può essere letta come un nodo e un luogo del conflitto, o, come ha scritto Alfonso Catania, come significazione dell'atto decisionale, e dunque sempre stretta fra decisione sovrana e riconoscimento dei consociati, che attraverso i comportamenti ne determinano significato e validità [14]. Da tale prospettiva, è possibile osservare il coinvolgimento strategico degli attori in quanto punto nodale nella formazione della norma, anche ma non solo giuridica.

2. *Ossessionati dalla sovranità?*

La democrazia moderna ha avuto la propria culla in quelle comunità immaginate che sono gli stati nazione. L'equilibrio westfliano ha fatto da cornice alla formulazione – complessa, contraddittoria e faticosa – delle istituzioni partecipative, della rappresentanza e alla codificazione dei diritti civili, politici e sociali. Ed è nella divisione spaziale e temporale disegnata dalla trascendenza formalista dell'*auctoritas* teologico-politica che sono state pensate le forme istituite delle democrazie liberali.

Confrontare queste categorie con quelle proprie del tipo di democrazia maturata nelle *poleis* greche è quanto meno molto difficile. Sotto lo stesso nome, si era sviluppato un sistema di partecipazione politica del tutto diverso, che rinunciando alla rappresentanza, affidava alla totalità dei cittadini la maggior parte delle decisioni, lasciando al caso ciò che rimaneva. Lo spazio della *polis* aveva consentito e prodotto un immaginario storico-sociale che certo non

[13] Cfr. H. Hart, *Il concetto di diritto*, tr. it. a cura di A. Cattaneo, Einaudi, Torino 2002.

[14] A. Catania, *Decisione e norma*, Castelvecchi, Roma 2022, p. 76 ss.

poteva replicarsi identico nei territori espansi e burocratizzati dell'Europa post-westfaliana. Così, il 'tesoro' della libertà politica, come lo ha chiamato Hannah Arendt [15], dovette essere ritrovato e reinventato – e poi perso e ritrovato ancora molte volte, in tempi e luoghi distanti – attraverso differenti sentieri.

Forse, dunque, la ri-esplosione del molteplice segnala una nuova occasione di ripensamento delle istituzioni, dei metodi e della estensione della partecipazione politica; un momento in cui la democrazia, in quanto progetto, possa riscoprire la propria apertura, abbandonando idealmente una culla ormai troppo stretta per affrontare le sfide ancora senza nome della propria estensione potenziale.

Per farlo, occorre ridiscutere le forme e le categorie dell'azione e della partecipazione democratica, in un quadro geopolitico, economico, sociale, perfino antropologico, profondamente mutato. Un quadro che, come abbiamo visto, è segnato dal prisma chiaroscurale di un pluralismo di valori e logiche dalla cui difficile, spesso drammatica convivenza originano forme di vita, pratiche e soluzioni istituzionali (a diversi livelli di formalità) divergenti, sempre meno leggibili attraverso la lente delle omologazioni immaginate e prodotte dal paradigma dello stato-nazione. Dunque, ripensare la partecipazione democratica vuol dire innanzi tutto analizzare e comprendere le pratiche e le soluzioni localizzate che innervano la realtà globale. Allora forse è ancora valido l'invito, precedentemente richiamato, di Michael Foucault a «tagliare la testa al re» [16], cioè a osservare da vicino, interrogando il potere sul piano della propria azione, la costellazione di stili di vita, pratiche e strategie polimorfe derivanti dai complessi dispositivi neoliberali che assoggettano e insieme soggettivizzano le potenze della vita.

L'ottica è quella della compatibilità tra dispositivi di potere, contraddittori ma interagenti – sovranità, disciplina, sicurezza. Questi si intrecciano in una complessa costellazione di *milieux* e

[15] H. Arendt, *Tra passato e futuro*, tr. it. a cura di T. Gargiulo, Garzanti, Milano 1991.

[16] M. Foucault, *Microfisica del potere*, cit., p. 15.

pratiche di assoggettamento e soggettivazione che, se da un lato governano in senso biopolitico, plasmando corpi e menti di individui e popolazioni, dall'altro generano resistenze, adattamenti e stili di vita alternativi, i quali a loro volta finiscono per essere inseriti in un reticolo di relazioni in mutamento, esercitando potere e divenendo a propria volta oggetto di repressione o capitalizzazione.

Tale approccio non è incompatibile con la persistenza dell'eccezione sovrana, che anzi diventa un meccanismo centrale nella costruzione di corpi, spazi, popolazioni e soggettività che a loro volta costituiscono la 'rete' governamentale. L'intento è perciò illuminare i processi – spesso opachi e senza dubbio complessi – che determinano questa moltiplicazione di elementi. Tale attenzione alla complessità delle pratiche e degli stili di vita prodotti dal biopotere governamentale ha anche l'obiettivo di rilevare la carica politica delle tante pratiche performative di resistenza al modello competitivo dell'*homo oeconomicus* e alla logica neoliberale.

Si tratta prima di tutto di comprendere il ruolo dell'eccezione all'interno del paradigma governamentale. Forse proprio l'eleganza delle distinzioni troppo nette fra *bios* e *zoè*, esclusione ed inclusione, vita e morte, interno ed esterno, rischia di oscurare le articolazioni complesse che popolano gli spazi liminali della *governance*. Qui il confine si configura come uno spazio complesso, in cui il potere – anche attraverso la decisione sovrana – qualifica la vita in forme funzionali alla logica complessiva del mercato.

L'eccezione può essere letta oggi come qualcosa di più e di meno di un taglio netto nello spazio del politico o come un territorio amorfo che segna l'inclusione degli esclusi in quanto esclusi. Se visti da vicino, decisione sovrana e spazio dell'eccezione si animano della vita di attori la cui esistenza e resistenza determina il funzionamento stesso della normalità governamentale. Ma, a loro volta, decisione e legittimità sovrane si inseriscono a pieno titolo nel dispositivo della governamentalità, come meccanismo graduato e selettivo che, agendo ai suoi margini, fuori scena, ne permette il normale funzionamento.

Nell'ottica di Aihwa Ong, ad esempio, l'eccezione rappresenta uno «straordinario dispositivo politico sviluppato tanto per includere quanto per escludere»[17]. Accanto alla lettura convenzionale dell'eccezione sovrana come puro negativo, Ong propone di rilevare il suo aspetto «positivo», in quanto decisione di «includere popolazioni e spazi specifici quali obiettivi di scelte programmatiche orientate al valore associate alle riforme neoliberali»[18]. Piuttosto che produrre una distinzione netta fra cittadini dotati di diritti e individui abbandonati alla condizione di nuda vita, l'eccezione moltiplica gli *status* sociali, economici e politici, insistendo sulle linee di frattura etniche, razziali e culturali che attraversano le realtà nazionali e regionali, producendo realtà localizzate e rinegoziabili che stenterebbero ad entrare nella rigidità delle categorie ereditate dalle forme del moderno.

In tale lettura, il concetto di eccezione assume il doppio ruolo di «eccezione neoliberale» e di «neoliberalismo come eccezione». Grazie alla loro coesistenza, questi due aspetti danno vita ad una tecnica complessiva di potere biopolitico governamentale che agisce su e attraverso il molteplice, ma aprendo e conservando squarci di sovranità e di potere disciplinare.

In questo quadro complesso e sfaccettato, la sovranità persiste, spesso mostrandosi in tutta la propria potenza normativa e repressiva, ma rinunciando – almeno in parte – al proprio ruolo di terzo trascendente. La sovranità si fa cioè «graduata» secondo l'espressione dell'autrice, distribuendosi e applicandosi strategicamente, a seconda degli interessi e delle richieste determinate dal quadro economico complessivo.

L'espressione sovranità graduata, nell'analisi di Ong si riferisce agli effetti di una amministrazione flessibile della sovranità, dal momento che i governi modellano lo spazio politico in funzione dei *diktat* del capitale globale, concedendo alle aziende un potere indiretto sulle condizioni politiche dei cittadini in zone che sono

[17] A. Ong, *Neoliberalismo come eccezione. Cittadinanza e sovranità in mutazione*, tr. it. a cura di M. Spanò, Volo, Firenze-Lucca 2013, p. 33.

[18] *Ibidem*.

differentemente articolate rispetto alla produzione globale e ai circuiti finanziari:

> «[...] In breve, la sovranità graduata è un effetto prodotto dagli Stati, che passano dalla condizione di amministratori di un'entità nazionale "a tenuta stagna" a regolatori di spazi e popolazioni diverse collegate con i mercati globali» [19].

Sono un esempio le tecnologie di *zoning*, analizzate soprattutto all'interno del contesto cinese, le quali rappresentano il frutto di «tecniche di scelta programmatica» [20] da parte del potere pubblico, funzionalizzate alle esigenze del capitale globale, all'interno della logica normalizzante della competizione. In Cina lo *zoning* raggiunge alcuni dei suoi risultati più raffinati: Zone Economiche speciali (SEZ) e Zone Amministrative (SAR, come Hong Kong e Macao) interrompono la normale gestione centralizzata dello stato cinese, concretizzando il progetto «una Cina due sistemi» coniato da Deng Xiaoping nel 1998. Come scrive Ong:

> «Nei milieux asiatici, l'opzione dell'eccezione ha permesso agli Stati di crearsi il loro stesso territorio così da potersi impegnare e competere meglio sui mercati globali [...] tecnologie di zoning producono delle territorialità alternative in cui possono essere con-

[19] *Ivi*, p. 112. Un caso paradigmatico, offerto ancora una volta dal contesto cinese, può forse chiarire la dinamica suggerita da Ong. Il riferimento è alla condizione giuridica e sociale della minoranza uigura, costretta dall'azione sovrana cinese in campi rieducativi, collocato soprattutto nella regione dello *Xianjiang*. Grazie all'iniziativa di aziende private, i detenuti privi di tutele vengono trasformati in un serbatoio di manodopera a basso costo per numerose multinazionali. Una risorsa così fondamentale per la catena di produzione occidentale da spingere le multinazionali coinvolte ad esercitare attività di *lobbying* sul parlamento americano per evitare o almeno ritardare provvedimenti legislativi che possano interrompere la catena di produzione implementando controlli sul rispetto dei diritti umani. Sul punto si rinvia al report: Australian Strategic Policy Institute, *Uyghurs for sale*: https://www.aspi.org.au/report/uyghurs-sale.

[20] A. Ong, *Neoliberalismo come eccezione*, cit., p. 48.

dotti veri e propri esperimenti legati alla libertà economica e all'attività imprenditoriale»[21].

Piuttosto che una gerarchia di livelli globali, nazionali, metropolitani e locali, o una delocalizzazione del lavoro completamente fluttuante e denazionalizzata, la *governance* contemporanea si sostanzia in una coesistenza complessa di tecniche di potere sovrano, disciplinare e securitario, prodotta dall'intersecarsi di attori la cui legittimità si basa su livelli diversi di formalità giuridica. Ad esempio, i metodi di controllo carcerario continuano ad essere utilizzati dai sistemi di produzione transnazionale, ma ai provvedimenti statuali si affianca l'azione amministrativa di soggetti privati, interessati a sfruttare le soggettività prodotte dall'istituzione carceraria come lavoratori a basso costo per il capitale globale[22].

Questa costellazione di spazi è abitata e prodotta da *agency* divergenti, che adottano strategie di soggettivazione e resistenza specifiche, localizzate, facendo appello alle possibilità strategiche interne agli stessi dispositivi e discorsi cui sono assoggettate. Le ONG ad esempio, possono rientrare in questo quadro come una forma di tecnologia sociale, che insieme ad altre entità di governo, definisce oggetti, regole d'azione e giochi strategici di libertà. In diversi scenari geografici, come quello del sud-est asiatico, piuttosto che invocare il vincolo rappresentato dai diritti umani riconosciuti in virtù di uno *status* giuridico universale, le ONG si appellano a principi religiosi, culturali o etico-sociali per assicurare alle lavoratrici migranti – spesso vittime di violenza e sfruttamento – un *biowelfare* che garantisca loro condizioni accettabili di vita e una maggiore sicurezza dell'integrità fisica.

Come ammette la stessa Ong, queste rivendicazioni rimangono su un piano meramente morale, proprio perché sarebbe molto più

[21] *Ibidem*.

[22] Mezzadra e Neilson mostrano, da una prospettiva molto diversa, quanto la costruzione di spazi e *status* illegali o semi-illegali funzionalizzata allo sfruttamento di lavoro privo di tutele sia diffusa nella cornice globale. Si rimanda sul punto al già citato S. Mezzadra, B. Neilson, *Confini e frontiere*, cit.

complesso far accogliere un tipo di rivendicazione sorretta da un maggiore livello di generalità e astrattezza. Il problema dunque, resta quello di una mancata formalizzazione delle attività e delle energie politiche in gioco, pur nella capacità di queste ultime di ottenere risultati concreti entro contesti in cui la lotta per il riconoscimento risulta estremamente difficile e faticosa[23].

Pensare il potere solamente attraverso la lente oggettiva, verticistica e trascendente della legittimità, rischia di oscurare questo complesso di pratiche, attraverso le quali esso viene esercitato, moltiplicato e resistito.

Al contrario, nella lotta per l'inclusione che si consuma all'ombra del leviatano, fra le pieghe della norma, il potere appare nel suo stesso farsi, come una dinamica creativa (ma non per questo meno brutale) di azioni e reazioni costanti, inegualmente distribuita in una costellazione mobile di *agency*: dagli stessi stati, coinvolti in un gioco geopolitico di potenza che li lega alle potenzialità del sistema economico e tecno-scientifico di matrice privata, alle imprese interessate a sfruttare le specificità giuridiche del mondo aperto dalla globalizzazione, passando per le ONG che sfruttano invece etiche situate di matrice religiosa, tradizionale e culturale per fornire tutele specifiche a lavoratori e profughi altrimenti privati di riconoscimento giuridico e politico. Senza dimenticare ovviamente, singoli individui che formulano le proprie istanze utilizzando i diversi quadri normativi che derivano dall'intersezione di assetti istituzionali coesistenti.

Comprendere la struttura quantomai fluida di questo quadro, implica ammettere una sostanziale risemantizzazione in chiave strumentale del concetto di libertà, che è alla base del paradigma governamentale neoliberale. Lungi dall'essere un regime di potere

[23] Ciò rende evidente l'impossibilità di Ong di aderire alle analisi di Agamben, il quale con la sua «rigida opposizione», «sembra precludere la possibilità di mediazioni non giuridiche o di distinzioni complesse che siano il sostegno di rivendicazioni di protezione e legittimazione morale». S. Mezzadra, B. Neilson, *Confini e frontiere*, cit., p. 53.

di per sé repressivo e negativo, esso trova nella libertà d'azione sia il proprio principio di legittimazione che il motore del suo funzionamento: la libertà dell'*homo oeconomicus* non è valore in sé, ma strumento indispensabile per l'estrazione di valore. È cioè funzionalizzata al capitale.

Ne consegue che, non essendo fine in sé, ma avendo al contrario un fine, riconducibile alla significazione economica, la libertà è in questa logica inquadrabile come mezzo. E in quanto mezzo per un fine essa può anche incontrare una fine. Può cioè essere limitata e regolata in virtù delle mutevoli dinamiche e necessità legate allo sviluppo economico.

Descrivere tale regime – in tutta la sua carica di ambivalenze – richiede quindi la continua osservazione della pluralità che in esso si agita.

Reagendo all'organizzazione del mercato, individui e collettività plasmano modelli di coabitazione, visioni del mondo, pratiche e stili di vita divergenti rispetto a quelli eteronomamente definiti, che tuttavia rimangono potenzialmente soggetti alla presa 'valorizzante' del capitale. Così, dallo stesso attrito di forze contrapposte, emerge una quantità di forme in cerca di uno spazio di esistenza e di un precario tempo di coesistenza. La lotta genera adattamento, propone tanto risposte quanto problemi, in un quadro informale e decentrato in cui la disuguaglianza non solo non smette di crescere, ma si rivela il motore di una dinamica di soggettivazione e assoggettamento sempre più sperequata, che si appoggia anche su forme di violenza repressiva.

Il problema è che il riferimento del pensiero democratico rimane la *silhouette* omogenea del soggetto liberale, la maschera del cittadino, astrazione attorno alla quale sono state plasmate le istituzioni democratiche moderne. La rigida divisione fra interno ed esterno, fra cittadini e stranieri, fra soggetti di diritto capaci di partecipare alla vita democratica e individui non riconosciuti, fatica spesso a registrare quelle forme di soggettivazione, partecipazione e richiesta di tutela che si presentano come eterodosse rispetto al modello, tentando di costringerle nel letto di Procuste fornito da dinamiche istituzionali troppo rigide, che difficilmente o con ritardo ne recepiscono le specifiche istanze. Per questo la pluralità delle soggettivazioni esonda dai limiti della teoria democratica di matrice moderna, manifestandosi nelle pratiche di convivenza e resistenza ai margini dello sguardo istituzionale, riproducendo anche l'ambivalenza di fondo che caratterizza l'assetto contemporaneo.

3. *Abitanti delle sovranità graduate*

Nel 2021, l'omicidio di Soumayla Sacko, lavoratore del Mali e sindacalista dello USB, a San Calogero in provincia di Vibo Valentia, accende per alcuni giorni i riflettori sulla realtà dello sfruttamento dei migranti [24], aspetto a dir poco trascurato dalle politiche di gestione del fenomeno migratorio.

Episodi di cronaca come l'omicidio di Sacko o come la 'Rivolta di Rosarno' [25], avvenuta circa dieci anni prima, accendono periodicamente i riflettori, nella maniera peggiore, sull'esistenza, anche in Italia, di un mercato del lavoro sommerso, caratterizzato da sfruttamento e assenza di tutele.

Tali meccanismi vengono facilitati dalla marginalizzazione conseguente alla qualificazione giuridica, politica e sociale del migrante come soggetto 'illegale'. Ostacolando l'accesso alle normali tu-

[24] Wired, *Sul Migrante sindacalista ucciso a fucilate nell'Italia del caporalato*, 4 giugno 2018: https://www.wired.it/attualita/politica/2018/06/04/soumaila-sacko-la-pacchia-finita-sempre/?refresh_ce=.

[25] Per una ricostruzione della vicenda, del l suo contesto e delle sue ripercussioni si rinvia a D. Perrotta, *7 Gennaio 2010: la rivolta di Rosarno*, in «il Mulino»: https://www.rivistailmulino.it/a/7-gennaio-2010; nel 2019 le condizioni del lavoro migrante in Italia sono state oggetto, tra l'altro, di indagine da parte dello *Human Right Council* delle Nazioni Unite, che ha elaborato un *report* al quale si rinvia: HRC, *Visit to Italy. Report of the Special Rapporteur on contemporary forms of slavery, including its causes and consequences*: https://www.ohchr.org/en/documents/country-reports/ahrc4244add1-visit-italy-report-special-rapporteur-contemporary-forms.

tele del lavoro previste dalla legislazione italiana [26], i provvedimenti di illegalizzazione [27] favoriscono il respingimento della forza lavoro migrante verso intercapedini sociali ed esistenziali difficilmente raggiungibili dalla regolazione, e dunque lo sviluppo di mercati del lavoro anomali, nelle quali lo sfruttamento privo di tutele diventa la regola [28].

Ma eventi come l'omicidio di Sacko o la 'Rivolta di Rosarno', mostrano anche un altro aspetto della realtà dello sfruttamento: lo sforzo dei lavoratori migranti, faticoso ed aspramente ostacolato, di organizzazione politica e sociale in vista del riconoscimento delle proprie condizioni e dell'ottenimento di tutele minime.

Proprio questa situazione di 'inclusione escludente' determina, accanto e insieme a queste forme di assoggettamento della forza lavoro migrante, anche pratiche di soggettivazione. La violenza sociale esercitata contro questo tipo di organizzazioni può essere letta a sua volta come un tentativo di respingere e annullare la formazione di queste soggettivazioni. Lungi dall'essere un'eccedenza del sistema, la violenza repressiva illegale si inscrive dunque sistematicamente nella dinamica di assoggettamento e di repressione dei contropoteri che il sistema stesso produce come risposta allo sfrut-

[26] Non è un caso in fondo, che lo stesso Sacko fosse un attivista sindacale legato alla sigla USB (Unione Sindacale di Base). Così come è da ricordare che all'indomani del delitto i lavoratori migranti organizzarono una protesta, rivendicando maggiori tutele al grido di "Schiavi Mai"; *Ansa.it: Migrante ucciso, la protesta dei braccianti della tendopoli a San Ferdinando*, in Ansa.it, 4 giugno 2018: https://www.ansa.it/calabria/notizie/2018/06/04/migrante-ucciso-la-protesta-dei-braccianti-della-tendopoli-a-san-ferdinando_b5b5de5a-ba52-4c3d-8c4b-2b84901660be.html.

[27] Sul ruolo dell'illegalizzazione e della razzializzazione nelle dinamiche di sfruttamento del lavoro, cfr. N. De Genova, *The Legal Production of Mexican/Migrant Illegality*, in «Latino Studies», 2, (2), 2004, pp. 160-185, e N. De Genova. *"Look, an Illegal Alien!"- the rhetorics of migrant "Illegality" and the racialization of Mexicanness*, in «Quarterly Journal of Speech», 109 (1), 2023, pp. 91-93.

[28] Sul tema cfr. F. Chicchi, L. Lucarelli, *Logiche dello sfruttamento. Oltre la dissoluzione del rapporto salariale*, Ombre Corte, Verona 2016; S. Mezzadra, *Terra e confini. Metamorfosi di un solco*, Manifestolibri, Roma 2016.

tamento. In altri termini, ci troviamo di fronte ad una serie di lotte cruente, di istanze di riconoscimento e richieste di tutela, che si consumano interamente all'interno di territori di confine materiali e simbolici. I confini allora, lungi dall'essere linee a-dimensionali o luoghi vuoti della sospensione, si rivelano spazi complessi, estremamente articolati e popolati, nonché teatro di quello scontro abitualmente sottratto al discorso irenizzante dell'individualismo neoliberale. È nelle 'quinte' dei confini che si trova e va osservato, in altri termini, il reale costo della crescita economica.

A loro volta, la costruzione di tali spazi è il frutto di una complessa serie di elementi, di dispositivi, di cui la decisione politica e le pratiche amministrative statali – insieme alle retoriche xenofobe – fanno parte integrante.

Come accennato in precedenza, è proprio su queste realtà che si concentrano gli studi di un'autrice come Aihwa Ong. Partendo dal concetto foucaultiano di governamentalità, l'autrice analizza l'insieme dei fenomeni istituzionali quali componenti di un contesto nel quale la razionalità neoliberista è in grado di indirizzare pratiche e comportamenti locali, anche laddove non è presente o culturalmente egemone. In quanto nuovo modo di ottimizzazione politica il neoliberalismo riconfigura «le relazioni tra governanti e governati, tra potere e sapere, tra sovranità e territorialità» [29].

Il neoliberalismo non sarebbe dunque solo una dottrina economica, ma più in generale una «nuova relazione tra potere e sapere, attraverso cui le attività di governo sono riconfigurate come problemi, né politici né ideologici, che richiedono specifiche soluzioni tecniche» [30]. Dunque, una tecnologia di governo spoliticizzante, in grado di riplasmare i rapporti di potere. In questo quadro la decisione sovrana diventa «uno straordinario dispositivo politico che può essere sviluppato tanto per includere quanto per escludere» [31].

Se quindi, nelle letture convenzionali l'eccezione sovrana mani-

[29] A. Ong, *Neoliberalismo come eccezione*, cit., p. 31.

[30] *Ibidem*.

[31] *Ivi*, p. 33.

festa la decisione in quanto strumento originario ed escludente, come una cesura netta tra l'interno e l'esterno della modernità statuale, in quella proposta da Ong la decisione è un elemento eterogeneo del più complesso dispositivo governamentale, che se ne serve come strumento per un'inclusione parziale e differenziale dei soggetti, in quanto assoggettati alla logica del mercato. Nelle parole di Ong: «le decisioni neoliberali hanno dato vita a nuove forme di inclusione, distinguendo alcuni cittadini-soggetti da altri e creando nuovi spazi che godono di straordinari benefici economici e politici»[32].

Per l'autrice, l'eccezione è presente nel quadro governamentale in una duplice forma: di neoliberalismo come eccezione e di eccezione al neoliberalismo. La prima fa riferimento all'applicazione di calcoli economici nella gestione di popolazioni e spazi sociali: sospendendo le pratiche democratiche, l'eccezione neoliberale è in grado di legittimare scelte politiche in virtù di esigenze sottratte al discorso politico. Viceversa le eccezioni al neoliberalismo vengono «invocate per escludere alcune popolazioni e alcuni spazi dai calcoli e dalle scelte neoliberali», rinchiudendole in tal modo in recinti sottoponibili a interventi di carattere sovrano, spesso ferocemente repressivi, eppure funzionalizzati ad interessi interni alla logica economica.

Tali eccezioni funzionano poi in entrambi i sensi: tanto incrementativo quanto repressivo, tanto includente quanto escludente. Le eccezioni al neoliberalismo possono ad esempio escludere parte di una popolazione dalle tutele *welfaristiche*, o al contrario estendere o produrre per un'altra porzione tutele e privilegi particolari, ponendosi insomma come parentesi di sospensione della normalità neoliberale, funzionalizzate tuttavia alla sua logica.

Agendo all'interno e attraverso i confini nazionali, l'eccezione neoliberale disarticola la cittadinanza, dividendone le componenti per riarticolarle in appartenenze specifiche. Facendo leva sulle necessità degli stessi individui essa li plasma, indirizzandoli alterna-

[32] A. Ong, *Neoliberalismo come eccezione*, cit., p. 34.

tivamente verso forme di vita incrementative, oppure disciplinandoli attraverso l'uso della forza. Come scrive Ong:

> «in alcuni milieux, l'eccezione neoliberale valorizza pratiche di calcolo e soggetti impegnati nel governo di sé considerandoli cittadini privilegiati. Allo stesso tempo, altri segmenti della popolazione sono posti al di fuori dei criteri neoliberali e resi perciò escludibili come soggetti e cittadini. Variazioni nelle capacità individuali o nell'esecuzione di prestazioni di mercato intensificano le disuguaglianze sociali e morali esistenti, confondendo le distinzioni politiche tra popolazioni autoctone e straniere»[33].

Perfino gruppi con la stessa cittadinanza, dunque formalmente appartenenti alla medesima nazione, possono in tal modo essere sottoposti a regimi giuridici diametralmente opposti. Lo *status* di cittadino è dunque solo uno degli strumenti, accanto a molti altri, con i quali questa inclusione selettiva può essere operata.

In questo contesto la presenza dell'apparato statuale, l'influenza delle imprese e il lavoro delle ONG contribuiscono in pari misura a plasmare spazi e regimi di appartenenza, determinando così fenomeni di sovranità per intersezione. È il caso, ad esempio delle zone economiche speciali (SEZ) e delle regioni amministrative speciali (SAR), con le quali il governo cinese, osservato dall'autrice, persegue fini specifici attraverso tecniche di scelta programmatica, istituendo spazi speciali in grado di concentrare un particolare mercato del lavoro, offrendo opportunità, investimenti e libertà amministrativa.

Più in generale, gli stati codificano la propria territorialità in maniera diversificata e variabile, per competere meglio sui mercati globali[34]. La persistenza della sovranità si rivela una chiave nella

[33] *Ivi*, p. 45. Da notare che, sebbene l'analisi di Ong si concentri, come accennato, sul sud-est asiatico, l'autrice non manca di notare *en passant* come un tale processo di disarticolazione sia in corso anche in Europa, tra i diritti e i benefici a favore dei migranti, contro l'interesse dei lavoratori.

[34] *Ivi*, p. 48.

creazione delle geografie post-sviluppiste[35], prodotte anche attraverso il complesso di risposte che gli stati danno alla logica neoliberale. Tali risposte comportano la costruzione e la gestione di spazi specifici per la regolamentazione e la gestione, sia all'interno dei singoli territori nazionali che attraverso di essi, segmentando così il territorio nazionale assieme al contenuto della cittadinanza.

Nel paradigma della *governance* il sovrano non scompare affatto, ma si governamentalizza a sua volta. Di conseguenza, la sovranità stessa diventa – con apparente paradosso – «graduata», cioè soggetta ad avanzamenti e arretramenti strategici rispetto alla partecipazione del soggetto stato alle dinamiche della *governance*. Nelle parole dell'autrice, l'espressione sovranità graduata si riferisce agli:

> «effetti di un'amministrazione flessibile della sovranità, dal momento che i governi modellano lo spazio politico in funzione del Diktat del capitale globale, concedendo alle aziende un potere indiretto sulle condizioni politiche dei cittadini in zone che sono differentemente articolate rispetto alla produzione globale e ai circuiti finanziari»[36].

Questi modi differenziali di trattamento della popolazione sono il risultato di un uso combinato di tecnologie disciplinari, regolatorie e pastorali, distribuite e combinate a seconda delle esigenze del mercato. I lavoratori non professionalizzati e i migranti vengono governati attraverso tecniche disciplinari nelle zone produttive, con l'intento di «promuovere tanto la produttività che la stabilità politica, creando quindi le condizioni propizie alla manifattura globa-

[35] *Post-sviluppismo* è per Ong una strategia maggiormente variegata rispetto allo sviluppismo. Quest'ultimo, pur considerando l'economia nazionale l'obiettivo, e dunque il fondamento di legittimità dell'azione statale, parte dal presupposto di un territorio nazionale univoco. Tipico stato sviluppista è ad esempio l'Unione Sovietica. Il postsviluppismo è invece una strategia più variegata e diffusa che non considera il territorio nazionale uno spazio politico uniforme; *ivi*, p. 111.

[36] *Ivi*, p. 112.

le»[37]. Nello stesso momento, in altre zone lavoratori stranieri altamente specializzati e membri di *elite* etniche dominanti sono regolati da una mano più leggera, attraverso metodi di cura pastorali: il foucaultiano potere individualizzante[38].

Un altro esempio di questa compresenza di dispositivi governamentali e strategie disciplinanti, costruita attraverso l'esercizio del potere sovrano, è dato dalla complessa politica del lavoro negli stati del Golfo.

Andrew Gardner ha sottolineato come il Barahin sia impegnato in notevoli sforzi per attrarre capitale straniero, facendo proliferare parchi d'investimento e *freeholders zones*:

> «The Bahrain Logistic Zone (BLZ), for example, was recently described in a Bahraini newspaper as 'the Middle East's first boutique multimodal logistics hub focusing on re-export and value-adding logistics activities. With zero tax, goods can be imported and re-exported without incurring customs duties and 100 per cent foreign ownership is permitted'»[39].

A tale sforzo si affianca funzionalmente il mantenimento del sistema di lavoro tradizionale noto come *kafala*. Attraverso il sistema della *kafala*, i lavoratori migranti rimangono contrattualmente legati per un periodo di tempo – solitamente due anni – ad un determinato lavoro e ad un cittadino che funge da garante (*kafeel*)[40]. Sebbene la *kafala* preveda alcuni obblighi in capo al *kafeel* nei confronti del lavoratore migrante, Gardner mostra come tale sistema normativo

[37] *Ivi*, p. 113.

[38] *Ibidem*; per il concetto di «potere individualizzante» cfr. M. Foucault, *Omnes et singulatim: Toward a Critique of Political Reason*, in Id., *Power: Essential Works of Michel Foucault 1954-1984 vol. 3*, The New Press, New York 2000, pp. 298-325.

[39] A.M. Gardner, *City of Strangers. Gulf Migration and the Indian Community in Bahrain*, Cornell University Press, New York 2010, p. 140.

[40] *Ivi*, p. 29 ss.

sia uno strumento essenziale per la violenza strutturale e sistemica che permette lo sfruttamento dei lavoratori stranieri:

> «Underpinning these changes and expansion of the conduits connecting South Asia and Bahrain is the continuity of the kafala system, a historic arrangement and practice that, while grounded in Islamic Law, was codified through the practice of indentured servitude that typified the pearling mode of production. Understanding the history of the kafala system helps us better comprehend its contemporary structure and expression [...]. The genealogy of the kafala also helps explain the emergence of the public sector as the domain of the citizenry and the private sector as the domain of the foreign population, a binary that recurs in my analysis of the machinery of structural violence in Bahrain» [41].

Anche in questo caso, forme parziali e graduate di illegalizzazione del lavoratore migrante permettono l'esercizio di violenze strutturali e sistematiche, a loro volta funzionali alla precarizzazione e allo sfruttamento. L'esclusione dalla cittadinanza, perpetrata attraverso la connessione fra eccezione sovrana e discriminazioni culturalmente radicate, più che fungere da barriera, funziona come un filtro: produce una intercapedine fra le spazialità nazionali, includendo i migranti solo in quanto forza lavoro a basso costo. Tale insieme di pratiche, scrive Gardner, è un modo dello stato di ospitare e profittare dell'economia globale senza introiettarne completamente le logiche.

Governamentalità e sovranità dunque si tengono, in un rapporto che non è di esclusione ma di compatibilità: modelli contrapposti ma complementari, elementi di un potere complessivo che si muove e si sviluppa attraverso di essi. Il risultato è l'azione capillare e diversificata di un potere che non esclude mai del tutto; piuttosto, opera una sorta di esclusione inclusiva, attraverso forme di eccezione che producono spazi e forme diversificati: governamentalità liberale, disciplina e sovranità si intersecano nella produzione di

[41] *Ivi*, p. 20.

individui, istituzioni e spazi altamente funzionalizzati. Diventa così comprensibile la apparentemente paradossale moltiplicazione dei confini e il rafforzamento delle barriere in uno scenario 'globale': tali chiusure non sono altro che il lato oscuro, il non detto, della rappresentazione luminosa, aperta, razionale ed efficiente del mondo contemporaneo. Esse ne costituiscono letteralmente il volto 'o-sceno', la dimensione non rappresentata e non rappresentabile che 'regge' la stessa rappresentazione.

Non si tratta quindi di schierare i due modelli in una poco proficua contrapposizione frontale, bensì di rilevare una concorrenza di modelli la cui intersezione disegna una realtà assai articolata. La tensione fra locale e globale che emerge dalle pratiche prese in considerazione:

> «[...] leads us to rethink the centrality of the State: by re-reading Foucault, the history of the State and the long process of 'governmentalization' to which it has been subjected, we can assert that against the claim of unity of the sovereign power in the long history of the State, there have established widespread and ramified instances as opposed to the centre that undermine the supposed unity of the political and legal decision towards a process of pluralization of the legal system» [42].

La realtà contemporanea può essere pensata come un arcipelago mobile di pratiche, soggettivazioni e normatività in costante tensione. Tali linee tensive, intersecandosi costantemente, attraversano il territorio nazionale, senza cancellarlo ma sovrascrivendo ad esso geografie inedite e producendo intercapedini normative sempre provvisorie, nelle quali il gioco di soggettivazione/assoggettamento forma appartenenze altrettanto fluide.

In questi spazi del limite e al limite, diventa più evidente come il carattere liberogeno della logica economica neoliberale si incroci

[42] A. Tucci, *Crossing the borders of governance*, in «Soft Power», 1, 2014, pp. 59-72.

con l'obbligatorietà dell'eccezione sovrana, anche in modi assai violenti e sanzionatori, quando non semplicemente repressivi, ma anche attraverso gli strumenti *soft* della premialità e della persuasione in chiave incrementale. Ciò rende le geografie del confine, e i luoghi sospesi della liminalità, punti d'osservazione privilegiati per l'analisi delle trasformazioni in atto. Il confine, come spiegano Mezzadra e Neilson, diventa un metodo per comprendere e ricostruire la resistenza ad un potere indefinito, che risponde costantemente ai tentativi di resistergli.

Tale coesistenza di *governo* e *governance* in un regime di compatibilità apre all'esigenza di superare la dicotomia fra verticale e orizzontale, per rivedere i fenomeni dell'istituzione nella loro dimensione dinamica, nello sforzo di contemperare l'esigenza di riunire le capacità del collettivo, per garantirne la *potentia*, senza riprodurre la verticalità della *potestas*.

Più che riproporre un modello esteso della rappresentanza trascendente a livello planetario, riproducendo la contrapposizione fra verticale e orizzontale, alcuni autori, come Rodrigo Nunez, hanno proposto di interrogare il complesso di istituzioni e organizzazioni da un punto di vista «ecologico»:

> «as a distributed ecology of relations traversing and bringing together different forms of action (aggregate, collective), disparate organisational forms (affinity groups, informal networks, unions, parties), the individuals that compose or collaborate with them, unaffiliated individuals who attend protests, share material online or even just sympathetically follow developments on the news, webpages and social media profiles, physical spaces, and so on»[43].

Da un punto di vista politico-filosofico, la proposta di Nunez è quella di ripensare la dicotomia verticale/orizzontale in una chiave che consenta il coordinamento e l'azione, evitando però la cristallizzazione potestativa del potere, con il conseguente ripetersi di di-

[43] Cfr. R. Nunes, *Neither Vertical nor Horizontal,* cit., pp. 163-164.

namiche verticistiche. Ciò significa riattivare la dimensione politica dell'agire, del pensare e del vivere altrimenti, lungo le faglie del normativo che permettono lo sviluppo di una alterità sempre *in fieri*, frutto del confronto e della traduzione di esperienze divergenti. Quindi, non rinunciare completamente ad una funzione di guida e *leadership*, ma conservarla appunto come funzione e non come struttura rigida, evitando di cristallizzarne la posizione in una identità oggettivata e sostanzialmente legittimata.

Allo stesso modo, andare oltre lo schermo della norma non significa eliminarne la capacità formalizzante, né fare a meno della dimensione ordinata dell'istituito, ma svelarne la dinamica ordinante e l'origine convenzionale, metterne in rilievo la stretta connessione con gli equilibri di potere per tenere aperta la rinegoziazione dei risultati.

Della norma va allora sottolineata e fatta emergere l'origine formale, e con essa il vuoto che la sottende. L'ordine della norma verrebbe così inteso come nodo provvisorio, come messa in forma momentanea delle convivenze materiali, concrete, sottoposta allo scontro istituzionalizzato e istituzionalizzante fra parti che si costituiscono nello scontro stesso, che mutano assieme al terreno di gioco.

4. *Fare il reale con il possibile*

Come abbiamo visto, ci troviamo di fronte ad uno scenario irriducibilmente plurale, che problematizza – senza annullarlo – l'ordine molare westfaliano. La logica sovrana del governo si trova affiancata ad un quadro neoliberale, che fa della *governance* il proprio paradigma. In questo quadro, emergono, accanto alle astratte soggettività del cittadino e del sovrano, le specificità di individui incarnati, gruppi sociali, *stakeholders* economici, che presentano interessi divergenti e diverse *Weltanschauungen*, spesso contrapposte e contraddittorie.

Queste specificità, provenienti da corpi incarnati, ridiscutono – cercando una propria normatività e una propria forma di vita – i confini simbolici prestabiliti, con domande, richieste, pratiche che esondano dalla datità delle forme costituite, facendo riemergere dalle zone d'ombra in cui erano relegate le faglie conflittuali, le linee di frattura ed esclusione che percorrono l'ordine sociale. Spesso in maniera drammatica e violenta.

Ci troviamo in altri termini, di fronte agli effetti di una pluralità di punti di vista, restii a farsi schiacciare da un qualsiasi 'sguardo di sorvólo'[44] universalista, anche se troppo spesso determinati a farsi incoronare come tale.

Ciò non può che gettare un'ombra sull'unità della struttura teologico-politica moderna. Affinché il conflitto, che la convivenza di tali visioni contrastanti genera, non assuma – come sta accadendo – le forme eccedenti e smisurate di un 'conflitto di religioni', è ne-

[44] Lo sguardo di *surplomb* o di sorvólo è l'atteggiamento ontologico di chi pretende di osservare gli oggetti da una posizione privilegiata, sopraelevata, sottraendosi così alla sua relazione con essi. Scrive Maurice Merleau-Ponty: «I luoghi alti attirano coloro che vogliono gettare sul mondo lo sguardo dell'aquila. La visione cessa di essere solipsistica solo da vicino, quando l'altro rinvia contro di me il fascio luminoso in cui l'avevo captato, precisa quel vincolo corporeo che io presentivo nei movimenti agili dei suoi occhi, allarga smisuratamente quel punto cieco che indovinavo al centro della mia visione sovrana, e, invadendo il mio campo da tutte le sue frontiere mi attira nella prigione che avevo preparato per lui e mi rende, finché egli è là, incapace di solitudine»; M. Merleau-Ponty, *Il visibile e l'invisibile*, tr. it. a cura di A. Bonomi, Bompiani, Milano 2009, p. 100.

È proprio di tale punto di osservazione privilegiato, secondo Claude Lefort, che la democrazia fa ontologicamente a meno, abbracciando l'incertezza storica del proprio divenire: «[…] finché prosegue l'avventura democratica, finché i termini della contraddizione si spostano, il senso di ciò che accade rimane sospeso. La democrazia si rivela così la società storica per eccellenza, la società che, nella sua forma, accoglie e preserva l'indeterminazione, in netto contrasto con il totalitarismo, che istituendosi all'insegna della creazione dell'uomo nuovo, si dispone in realtà contro tale indeterminazione e pretende di detenere la legge della sua organizzazione e del suo sviluppo, delineandosi segretamente, nel mondo moderno, come *società senza storia*». C. Lefort, *La questione della democrazia*, in Id., *Saggi sul politico. XIX e XX secolo*, tr. it. a cura di B. Magni, il Ponte, Bologna 2007, pp. 25-26; sul punto cfr. anche L.M. Alagna, *Le lieu vide. Democrazia e Totalitarismo in Claude Lefort*, Aracne, Canterano 2020.

cessario innanzi tutto prendere atto di tale conflittualità, per ridare al futuro una dimensione autenticamente politica. La tentazione di ricondurre questo caos ad un punto archimedeo, in grado, come ha scritto Arendt, di sollevare definitivamente l'essere umano dalle sue fatiche[45] è certamente forte. Ma ogni tentativo di eliminare il conflitto non fa che respingerlo – aggravandolo – entro quelle zone d'ombra che permettono la conservazione della irenica rappresentazione, ormai sempre più fragile, della convivenza. Fino a quando la frattura negata non esplode nella dismisura della violenza, come la recrudescenza dei conflitti armati e l'ubiquità della violenza militare testimoniano.

Ripensare l'ordine normativo/simbolico implica allora farsi carico del molteplice, sforzandosi incessantemente di illuminare gli angoli oscuri che ogni ordine istituito irrimediabilmente proietta.

Le risposte che si richiamano al ripristino di un'unità perduta rischiano non solo di riproporre, ma di aggravare esclusioni e repressioni violente, fondate su divisioni nette e identità sostanziali. I richiami ad una rappresentazione unitaria del popolo si rivelano sempre più spesso per ciò che sono: l'evocazione mitica, la narrazione strategica, di una identità che esiste solo in quanto evocata, e che è evocata per legittimare, esautorando la dimensione del confronto, le decisioni della parte che di volta in volta si presenta come il tutto.

Il risultato è spesso una serie di espulsioni, esclusioni, selezioni e forclusioni[46], spesso utili proprio a quelle logiche di sfruttamento che si vorrebbe superare, in quanto inscritte nello stesso discorso strategico-economico della *fitness* e dell'eccezione neoliberale.

[45] H. Arendt, *Vita Activa*, cit., p. 190 ss.

[46] Sul concetto psicanalitico di forclusione e sul suo ruolo nel discorso politico si rinvia a L. Bazzicalupo, *Lacan politico?*, in «Teoria e critica della ragione sociale», 2 (3), 2016, pp. 93-104; S. Žižek, *Il soggetto scabroso*, tr. it. a cura di L. Chiesa, Raffaello Cortina, Milano 2003; S. Freud, *Osservazioni psicoanalitiche su un caso di paranoia (dementia paranoides) descritto autobiograficamente (Caso clinico del presidente Schreber) (1910)*, in Id., *Opere, vol. VI. Casi clinici e altri scritti (1909-1912)*, tr. it. a cura di C.L. Musatti, Bollati Boringhieri, Torino 1974.

Dall'altro lato, le pratiche di vita le forme politiche locali propongono adattamenti immanenti che ridisegnano costantemente il quadro delle possibilità effettive, contribuendo a ridisegnare il quadro dell'esistente, e soprattutto a far emergere le fratture, i punti ciechi e i luoghi osceni dell'ordine globale[47].

Per dirla in termini foucaultiani, ai margini della norma si formano soggettivazioni prodotte dalla resistenza agli stessi dispositivi che tentano di governarle, in una dinamica continua di soggettivazione e assoggettamento immanente alla stessa microfisica del potere.

Tali soggettivazioni rappresentano pratiche di libertà localizzate e specifiche, che tuttavia rischiano di rimanere tra i margini che le hanno prodotte. L'orizzontalità e la diffusione di tali esperienze scongiurano – forse – la loro strutturazione in formazioni gerarchiche e verticali, ma impediscono di esprimere una trasformazione su scala più ampia.

In questi termini, l'alternativa che sembra profilarsi è fra una verticalità trascendente, che fa dell'universalismo il perno di legittimazione di un punto di vista generale e astratto (che in realtà nasconde la propria parzialità e la propria concretezza), ed una orizzontalità eccessivamente polverizzata, poco incisiva rispetto alla proporzione dei problemi posti dalla contemporaneità e che movimenti ed esperienze collettive si propongono di affrontare. Un modello 'orizzontale' eccessivamente entropico che, per paura degli sviluppi accentratori connaturati a qualsiasi tentativo o esperienza di organizzazione, rimanda la decisione all'avvento – altrettanto mitico, perché intrinsecamente impossibile – di una totalità mai presente. Come Scrive Rodrigo Nunes:

[47] Tali luoghi sono osceni in quanto sottratti alla discussione e alla rappresentazione giuridico-politica, 'naturalizzati' come dati di fatto la cui discussione è sospesa se non interdetta e, di conseguenza, agli attori che li abitano è negata o fortemente limitata la possibilità di parola, dunque la partecipazione al 'diritto di avere diritti', per usare la nota espressione di Arendt.

«Although it opposes the expropriation of the potential of the many by the few who purport to act on their behalf, horizontalism can easily develop into an expropriation of a different type: one that inhibits the parts in the name of a whole that is never present, a consensus that is never given, a totality always to come» [48].

Potrebbe essere esattamente questa netta contrapposizione teorica fra verticalità e orizzontalismo, fra spontaneità e organizzazione, il vero nodo del dilemma?

La visione spontaneista dei movimenti politici di protesta e resistenza tenta, sostiene Nunes, di superare ciò che egli chiama il 'trauma' dell'organizzazione, immaginando forme di attività politica e di cambiamento completamente 'orizzontali', nelle quali cioè non è individuabile alcun momento di guida e di rottura, poiché esse nascerebbero spontaneamente dall'attività diffusa del movimento stesso.

Ciò che allora andrebbe esplorato è lo spazio della frattura tra dato sociale e conflitto politico, che percorre l'ordine sociale e lo frammenta, lo scinde, lo anima e al contempo lo tiene insieme, richiedendo continuamente lo sforzo di una nuova messa in forma, che riconosca l'eccedenza di chi non è o non si sente parte di quell'ordine, di quella parte dei senza parte che, secondo Rancière, produce la autentica esperienza politica [49].

In altri termini, l'ordine sociale organizzato non si dà impersonalmente, come oggettiva, irenica e a-problematica realtà delle cose, ma in quanto visione 'altra' – o meglio come sovrapporsi e compromettersi di una pluralità di visioni – rispetto al reale e al sé. Lungi dal coincidere con la realtà, esso è una creazione che finisce per imporsi in qualche modo sulla realtà pre-esistente: in senso lato è sempre una 'finzione' – più o meno consapevole, più o meno condivisa, più o meno imposta – che si 'realizza' [50]. Se la risposta

[48] R. Nunes, *Neither vertical nor Horizontal*, cit., p. 179.

[49] J. Rancière, *Il disaccordo*, tr. it. a cura di B. Magni, Meltemi, Milano 2007.

[50] Cfr. Y. Thomas, *Fictio legis*, cit.

passasse dunque attraverso il superamento, insieme teorico e pratico, di questa dicotomia?

Si tratta insomma di riconsiderare la contrapposizione, nei termini leibiniziani usati da Nunes, fra l'elemento della *potestas* e quello della *potentia*[51]. Se la *potestas* è la concentrazione di potere che permette l'imposizione di una decisione legittima e verticale, la *potentia* è la capacità di qualsiasi soggetto di essere affetto da altri e a propria volta produrre effetti sui comportamenti altrui. La *potentia* è insomma la capacità di ciascun corpo di interrelarsi con altri, producendo effetti possibili ma non determinati e, nel farlo di ridisegnare l'intera gamma delle possibili relazioni. Per questo, spiega Nunes, ad un certo livello di osservazione, qualsiasi individualità può essere vista come organizzazione di elementi eterogenei, da un corpo fisico ad un insieme socio-politico.

Per certi aspetti, le due categorie sembrano richiamare – almeno in parte – i due modelli di governo e *governance* come definiti da Rosenau: da un lato lo schema piramidale del governo, le cui decisioni sono sostenute dalla legittimità della forma normativa; dall'altro la normatività immanente della rete di *agency* che producono attraverso l'effettività i propri complessi normativi.

Ma se è così, come abbiamo visto, la distinzione fra i due modelli viene meno già all'interno del *frame* della *governance* neoliberale, nel quale la decisione sovrana può dar vita a spazi di 'eccezione al neoliberalismo', funzionali tuttavia al 'neoliberalismo come eccezione', come visto nel secondo capitolo. La polverizzazione solipsistica di identità chiamate a determinazioni strategiche rischia di conservare il quadro di reticolarità sperequate.

Occorre allora, prendere atto e farsi carico del molteplice, delle differenze, delle realtà specifiche e delle soggettività incarnate che sviluppano le proprie soggettivazioni all'ombra e ai margini della norma cercando una propria collocazione, una propria 'parte', affinché non esplodano sotto la pressione dell'invisibilità. Ma la dimensione globale delle emergenze e delle relazioni chiama anche a

[51] G. Leibniz, *Monadologia*, a cura di S. Cariati, Bompiani 2001.

inquadrare tali esperienze in una dimensione che favorisca un cambiamento generale, che suggerisca direzioni inedite in grado di ampliare, a partire dal quadro reale, il campo del possibile: organizzare la *potentia* delle esperienze politiche locali evitando il più possibile la riproduzione degli schemi verticistici e gerarchizzanti della *potestas*. In questo modo sarebbe forse possibile superare il 'trauma dell'organizzazione'.

Facendo proprie categorie provenienti dal pensiero di autori quali Simondon e Deleuze, Nunes nota come la distinzione fra entità organizzate e non organizzate, nonché fra elementi appartenenti a diverse entità, sia in sé problematica e parziale. Ad un certo livello qualsiasi elemento (molecola, cellula, organismo, corpo sociale...) potrebbe essere interpellato come elemento unitario di un'organizzazione più ampia o come organizzazione di elementi [52]. Allo stesso modo, dividere nettamente un'organizzazione dall'altra è un'operazione parziale e convenzionale. Poiché l'esistenza di un oggetto è determinata *spinozianamente* come affezione [53], cioè come la capacità di quell'oggetto di interrelarsi con altri, l'esistenza di ogni organizzazione dipende dal legame con il proprio ambiente, dunque con le altre organizzazioni che la circondano.

Non è possibile in altri termini, se non ad un livello approssimativo, distinguere nettamente fra campo e oggetto.

Partendo da questi presupposti, Nunes problematizza lo stesso concetto di spontaneismo. La visione spontaneista sottovaluta ad esempio quanta organizzazione sia necessaria perché tali movimenti esistano, sebbene su scala locale. Un elemento, un germe di

[52] Nei termini dell'autore: «Organization entails a nested structure of ever-expanding relations in which what counts as an *organisation* on one level can be taken as an *element* on an higher level [...]. An important consequence of this way of conceiving organization is that the analysis that can be made of any particular reality is always dependent on scale». R, Nunes, *Neither Vartical nor Horizontal*, cit., p. 19. Il ruolo della scalarità diventa centrale nell'idea di *organisation ecology* proposta da Nunes perché, valorizzando l'elemento del punto di vista, riesce scomporre e a relativizzare il distacco fra campo e oggetto e fra gli oggetti.

[53] B. Spinoza, *Etica*, tr. it. a cura di S. Giametta, Bollati, Torino 1959.

'individuazione' attorno a cui si formi e si propaghi un'esperienza politica o sociale, per quanto questa sia condivisa e 'spontanea', è sempre presente [54]. Per questo, un processo di cambiamento sociale che voglia aver successo non è mai interamente centralizzato né disperso, ma sempre «distribuito» [55].

Nunes propone allora di osservare e organizzare la molteplicità dei movimenti e delle pratiche situate non esclusivamente in sé, ma anche in quanto parte di una dimensione più complessa: ciò che egli chiama *organisational ecology*.

Una 'ecologia', nelle parole dell'autore, è meno di un organismo e più di un'organizzazione. Meno di un organismo perché ad essa manca un principio unificatore che determini l'origine, l'emergenza e il funzionamento delle sue componenti. Non esistendo limiti di principio alla ricombinazione delle componenti, una 'ecologia' non corrisponde ad una totalità organica; ma un'ecologia è anche più di un'organizzazione perché non è intenzionale, nel senso che manca di confini prestabiliti. Non nasce da un atto di volon-

[54] Il concetto di germe strutturale è mutuato dal pensiero di Simondon, che ne fa una delle due condizioni necessarie affinché avvenga una 'presa in forma': «una tensione di informazione, procurata da un germe strutturale, e un'energia contenuta nell'ambiente che prende forma: l'ambiente – corrispettivo dell'antica materia – deve essere in stato metastabile teso, come in una soluzione sovrasatura o in sovrafusione che attende il germe cristallino per passare allo stato stabile, liberando l'energia che contiene». Questo particolare rapporto fra informazione contenuta nel germe strutturale e ambito metastabile, fa dell'operazione di presa in forma una 'modulazione'. In altri termini, l'*input* informativo contenuto nel germe strutturale progredisce all'interno dell'ambito non informato senza aggiungere energia, ma informando quella dell'esecutore. Questo suggerisce a Simondon l'ipotesi che l'operazione di modulazione «possa svolgersi in *una microstruttura che avanza progressivamente attraverso l'ambito che prende forma*, costituendo il limite mobile tra la *parte informata* (dunque stabile) dell'ambito e quella ancora non informata (dunque ancora metastabile)»; G. Simondon, *L'individuazione psichica e collettiva*, tr. it. a cura di P. Virno, DeriveApprodi, Roma 2001, p. 65; cfr. anche G. Simondon, *L'individuazione alla luce delle nozioni di forma e d'informazione*, tr. it. a cura di G. Carrozzini, Mimesis, Milano-Udine 2011.

[55] R. Nunes, *Neither Vertical nor Horizontal*, cit., p. 34.

tà che ne costituisce i contorni, ed esserne parte non implica esserne consapevoli. Più che una meta-organizzazione prodotta dall'assemblaggio di organizzazioni più piccole, la sua esistenza e il suo funzionamento ricordano quello di un ecosistema[56], e coincidono con l'immanenza complessa e interdipendente delle relazioni reciproche fra elementi eterogenei:

> «Whatever we totalize as 'the movement' is in fact a non-totalisable network made of several different networks, an evolving network ecology that is in turn nested in broader ecologies that overlap in various ways (the city, the nation, global capitalism, members of a certain class, speakers of a certain language)»[57].

Tale visione presuppone il ripensamento dei confini delle identità in termini non assoluti. Le entità organizzate, i soggetti che partecipano di una *organizational ecology* non appaiono come entità monolitiche e precisamente determinabili, ma piuttosto come nodi variabili e metastabili, intersoggettivamente determinabili e determinati dal complesso delle loro reciproche interazioni:

> «If individuals are not automata responding uniformly and en bloc to a change in their environment, a change in collective behaviour never takes place all at once, but must start from one or more points»[58].

In altri termini, proprio perché – in un'ottica di mutamento orizzontale e paritaria – la normatività non viene imposta dall'alto, non può diffondersi istantaneamente e uniformemente; dunque sono necessari i 'germi di una nuova individuazione': elementi dell'*organisational ecology* che possano esplorare i confini delle possibilità date dal campo reale, per espanderne i limiti.

[56] *Ivi*, pp. 173-174.

[57] *Ivi*, p. 164.

[58] *Ivi*, p. 181.

Per questo, adottare lo sguardo dell'*organizational ecology* significa anche riconsiderare profondamente il ruolo della *leadership* all'interno e in relazione ai movimenti che puntano ad una trasformazione su grande scala. Il momento necessario della guida (e dunque della decisione) è necessario, nell'ottica di Nunes, per una trasformazione che riverberi progressivamente in maniera sempre più diffusa. Proprio perché concepita come mimetica, e dunque non potestativa, la trasformazione deve avvenire progressivamente e lentamente, attraverso l'adozione consapevole e autonoma di un nuovo modello (che dunque si diffonde per convincimento). Per questo la sua formazione richiede una funzione di 'avanguardia': delle soggettività (individui, organizzazioni, movimenti...) che si spingano ai margini del possibile per suggerire nuove forme di relazione, a partire però dalle possibilità reali date dallo sfondo di riferimento. All'interno di una *organisational ecology*, la *leadership* sarebbe cioè una funzione 'distribuita' piuttosto che una posizione stabile. Essa rinvierebbe, per così dire, ad una capacità esplorativa più che governativa, che non farebbe del *leader* il 'capo' di un corpo sociale compatto e unito, né si appoggerebbe alla sostanzialità forte del rimando a valori identitari, assiologici o epistemici di carattere metafisico, o ad una 'catena di equivalenze' di stampo populista[59]. Se da un lato la '*leadership distribuita*' non si stabilizzerebbe mai nelle mani di nessuno, dall'altro, lungi dallo scomparire, si moltiplicherebbe proprio grazie alla propria circolazione. Tale circolazione sarebbe favorita dalla mancanza di concentrazioni di potere, che finirebbero invece per stabilizzare soggetti specifici in posizioni determinate, strutturando forme consolidate e gerarchiche.

[59] In fondo, spiega l'autore, tale natura relazionale del concetto di avanguardia è già insita nell'origine militare del termine: l'avanguardia è l'elemento che precede e guida il grosso dell'esercito; dunque essa è tale solo se esiste qualcosa che la segue ed eventualmente si fonde con essa. L'identità del gruppo in quanto avanguardia non è solo relativa, ma anche intrinsecamente temporanea, dato che la sua funzione è proprio quella di essere raggiunta e dunque di annullarsi. Questo è ciò che la differenzia dall'*élite*, che invece tenta di conservare indefinitamente la propria posizione; R. Nunes, *Neither Vertical nor Horizontal*, cit., p. 191.

Al contempo, è la stessa circolazione delle funzioni a ostacolare la formazione di posizioni consolidate:

> «The less such consolidated position exists, however, the more the leadership function is free to circulate. That is the reality of the pack, in which each individual is responding to modifications in a common environment rather than deliberating collectively or following a single leader. It is also what happens in an organisational ecology in which no centre of power dominates all the rest; even when several people come together to make a decision, it is still not the ecology as a whole that decides» [60].

La muta (*pack*) a cui l'autore si riferisce per restituire l'immagine della leadership distribuita, in quanto funzione dell'*organisational ecology* è la muta di lupi, l'immagine utilizzata da Deleuze e Guattari in *Millepiani* per descrivere la relazione mobile e 'olistica', rizomatica, fra l'elemento singola e la collettività [61]:

[60] R. Nunes, *Neither vertical nor Horizontal*, cit., p. 182. Qualche pagina dopo, l'autore sembra confermare questa relazione inversa fra *leadership* distribuita e *potestas*: «The more an ecology is differentiated into relatively autonomous clusters, equipped with strong organising cores, already active and engaged, the less likely the hyper-trophy of a single leader tends to be; the more likely, in fact, that it will be resisted. (Conversely, of course, the harder it will be for it to coalesce into full equivalence). Combined with the left's trauma of hierarchical organisation, this may help explain why more authoritarian modes of charismatic leadership have worked better for right-wing populisms than left-wing ones in recent years»; *ivi*, p. 250.

[61] Il riferimento è ovviamente al sistema molecolare immanente del rizoma, da Deleuze e Guattari delineato in Millepiani e contrapposto al sistema ad albero, molare e gerarchico. A differenza di quest'ultimo, il modello rizomatico non prevede un centro o un fondamento dell'ordine del discorso, ma si dipana in una molteplicità di connessioni eterogenee e sinottiche; G. Deleuze, F. Guattari, *Millepiani. Capitalismo e schizofrenia*, tr. it. di G. Passerone, Cooper-Castelvecchi, Roma 2003, p. 46 ss.

Nello stesso volume, in polemica con Freud, i due autori riprendono la nota analisi de 'L'uomo dei lupi', per rovesciarla nell'immagine rizomatica e molecolare della 'muta'. Piuttosto che ridurre la molteplicità di lupi all'unità dell'ordine

> «[...] non si può essere un lupo si è sempre otto o dieci lupi, sei o sette lupi. Non sei o sette lupi alla volta, solamente per sé, ma un lupo tra gli altri, con cinque o sei altri lupi. Quel che è importante nel divenire-lupo, è la posizione di massa, e anzitutto la posizione del soggetto stesso rispetto alla muta, rispetto alla molteplicità-lupo, la maniera in cui vi entra o non vi entra, la distanza a cui resta, il modo in cui dipende o non dipende dalla molteplicità»[62].

In quanto prodotto storico-sociale, l'organizzazione contiene in sé un'apertura che non la fa coincidere mai con sé stessa. Essa è cioè la stabilizzazione di un movimento che tenta di dare forma alla frattura interna alla società, o in altri termini al conflitto che la convivenza continua a produrre. È proprio la messa in forma creativa e non distruttiva l'obiettivo della rappresentazione politica, che dunque non può non passare attraverso il riconoscimento di un'alterità non tanto e non solo come dato sincronico, quanto soprattutto come sviluppo diacronico. In altri termini, nell'ottica di una messa in forma politica del conflitto, il riconoscimento dell'altro non è solamente l'operazione visiva che ne riconosce l'estraneità. Tale operazione, di per sé, non sarebbe in distonia con le rappresentazioni teicopolitiche del muro, con il rafforzamento dei confini nazionali e identitari e i fenomeni di marginalizzazione. Invece, riconoscere l'alterità implica soprattutto riconoscere la possibilità dell'alterità nel soggetto stesso, come sviluppo – non destinale né determinato – della relazione con il proprio altro. Si tratta di riattivare

simbolico del padre, sostengono gli autori, sarebbe meglio accogliere la pluralità di figure sognate dal paziente come il rimando ad una effettiva e irriducibile molteplicità, di linee, di significati, di elementi, di possibili interpretazioni. Per questo il lupo non è solo un lupo ma «la muta, cioè la molteplicità percepita come tale in un istante, per il suo avvicinamento e il suo allontanamento da zero – distanze ogni volta indecomponibili. Lo zero è il corpo senza organi dell'Uomo dei lupi»; *ivi*, p. 73. Per completare il confronto sul caso di Sergej Costantinovič Pankëev (il così detto uomo dei lupi) si rinvia anche a S. Freud, *L'Uomo dei lupi*, a cura di M. Ajazzi Mancini, Feltrinelli, Milano 2010.

[62] G. Deleuze, F. Guattari, *Millepiani*, cit., p. 70.

l'apertura inscritta nella stessa categoria di istituzione, l'indeterminatezza del suo movimento verso una stabilità consapevolmente 'precaria', che, riconoscendo l'origine culturale e decisionale dell'istituito, ne mantenga aperta la critica e la riformulazione, scongiurando l'effetto di alienazione che le norme e le forme ipostatizzate assumono di fronte ai propri autori, cioè al complesso di individui, soggetti collettivi e attori sociali che la in-formano.

In fondo, ciò che viene suggerito dall'idea di *leadership* distribuita, spiega Nunes, è semplicemente l'impossibilità di uno «stato finale di perfezione»:

> «If by real horizontality one understands a condition in which there are no power differentials and each person has exactly the same capacity as every other to influence the actions of others, this is simply not something that self-organising networks can provide»[63].

Produrre un cambiamento significa allora allontanarsi dalle oleografiche promesse di una compiutezza univoca, di volta in volta da raggiungere, da conservare o da restaurare, e farsi carico della positività problematica del molteplice; significa rinunciare a punti archimedei e certezze ontologiche, per esplorare lo spazio del possibile, partendo dalle possibilità del presente.

[63] R. Nunes, *Neither Vertical nor Horizontal*, cit., p. 187.

Bibliografia

AA.VV., *Res Publica. Revista de Historia de las Ideas Políticas. El barroco hispanoeuropeo ante la crisis del presente*, 26, 2023.

Abbot K.W., Snidal D., *Hard and Soft Law in International Governance*, in «international Organization», 3, 2000.

ACLED, *Administering Violence. An ACLED Special Project on Violence Targeting Local Officials*: https://acleddata.com/2023/06/22/special-issue-violence-against-local-officials/.

ACLED, *The state of globale disorder in 2022*: https://acleddata.com/2023/01/31/global-disorder-2022-the-year-in-review/.

Agamben G., *Homo Sacer. Il potere sovrano e la nuda vita*, Einaudi, Torino 2005.

Alagna L.M., *Le lieu vide. Democrazia e Totalitarismo in Claude Lefort*, Aracne, Canterano 2020.

Ansa.it, *Migrante ucciso, la protesta dei braccianti della tendopoli a San Ferdinando*, in Ansa.it 4 giugno 2018: https://www.ansa.it/calabria/notizie/2018/06/04/migrante-ucciso-la-protesta-dei-braccianti-della-tendopoli-a-san-ferdinando_b5b5de5a-ba52-4c3d-8c4b-2b84901660be.html.

Ansa.it, *Orban, 'non attueremo il Patto sui migranti, è inefficace'*, in «Ansa.it» 7 luglio 2023: https://www.ansa.it/europa/notizie/rubriche/altrenews/2023/07/07/orban-senza-ungheria-e-serbia-molti-piu-migranti-in-europa_4a7b29de-901c-4760-a657-9f51c49c5336.html.

Apter E., *The Translation Zone. A New comparative literature*, Princeton University Press, Princeton 2006.

Arendt H., *Tra passato e futuro*, tr. it. a cura di T. Gargiulo, Garzanti, Milano 1991.

Arendt H., *Vita Activa. La condizione umana*, tr. it. di S. Finzi, Bompiani, Milano 1994.

Arienzo A., *La governance*, Ediesse, Roma 2011.

Arrighi G., Silver B., *Chaos and Governance in the Modern World System*, University of Minnesota Press, Minneapolis 1999.

Asor Rosa A., *Machiavelli e l'Italia. Resoconto di una disfatta*, Einaudi, Torino 2019.

Atwood M., *We Lost Ursula Le Guin When We Needed Her Most*, in Id., *Burning questions: essays and occasional pieces, 2004 to 2021*, Doubleday, New York 2022.
Australian Strategic Policy Institute, *Uyghurs for sale*: https://www.aspi.org.au/report/uyghurs-sale.

Baccelli L., *Critica del repubblicanesimo*, Laterza, Roma-Bari 2003.
Balibar E., *Cittadinanza*, tr. it. a cura di F. Grillenzoni, Bollati Boringhieri, Torino 2012.
Basso L., *Agire in comune. Antropologia e politica nell'ultimo Marx*, Manifestolibri, Roma 2021.
Bauman Z., *Dentro la globalizzazione. Le conseguenze sulle persone*, tr. it. a cura di O. Pesce, Laterza, Roma-Bari 1999.
Bazzicalupo L., *Biopolitica. Una mappa concettuale*, Carocci, Roma 2010.
Bazzicalupo L., *Dispositivi e soggettivazioni*, Mimesis, Milano 2013.
Bazzicalupo L., *Governamentalità: pratiche e concetti*, in «Materiali per una storia della cultura giuridica», 2/2013, pp. 395-413.
Bazzicalupo L., *Politica. Rappresentazione e tecniche di governo*, Carocci, Roma 2013.
Bazzicalupo L., *Lacan politico?*, in «Teoria e critica della ragione sociale», 2, (3), 2016, pp. 93-104.
Bazzicalupo L., *Coesistenza*, in «Filosofia Politica», 1/2017, pp. 47-58.
Beck U., *La società del rischio. Verso una seconda modernità*, tr. it. a cura di W. Privitera, Carocci, Roma 2013.
Berlin I., *Four Essay on Liberty*, Oxford University Press, Oxford 1969.
Bevir M., *Democratic governance*, Princeton University Press, Princeton 2010.
Bevir M., *A theory of governance*, University of California Press, Berkeley 2013.
Bascetta M., *Come scardinare il fragile 'noi' su cui poggia l'odierno populismo*, in «EuroNomade», 6 agosto 2018: https://www.euronomade.info/come-scardinare-il-fragile-noi-su-cui-poggia-lodierno-populismo/.
Bobbio N., *Dalla struttura alla funzione*, Laterza, Roma-Bari 2007.
Borghi V., *Naufragi e spettatori. Su margini, spazio e rappresentazioni*, in «Rassegna Italiana di Sociologia», 4, 2017, pp. 919-928.
Bourdieu P., *Sullo Stato. Corso al Collège de France. Volume I (1989-1990)*, tr. it. a cura di M. Guareschi, Feltrinelli, Milano 2013.
Brindisi G., *Potere e giudizio. Giurisdizione e veridizione nella genealogia di Michel Foucault*, Editoriale Scientifica, Napoli 2010.

Brown W., *Stati murati, sovranità in declino*, tr. it a cura di F. Giardini, Laterza, Roma-Bari 2010, p. 133.

Camilli A., *L'Italia può chiudere porti alle navi delle ong?*, in «Internazionale»: www.internazionale.it/bloc-notes/annalisa-camilli/2018/06/11/porti-immigrazione-ong.

Campanella T., *La città del sole*, Feltrinelli, Milano 2014.

Canguilhem G., *Il normale e il patologico*, tr. it. a cura di D. Buzzolan, Einaudi, Torino 1998.

Cascione G., *The double face of Sovereignity*, in «Iconocrazia», 0, 2011, pp. 43-55.

Castelli F., Giardini F., Raparelli F., *Conflitti. Filosofia e politica*, Le Monnier, Firenze 2020.

Castoriadis C., *Finestra sul caos. Scritti su arte e società*, tr. it. a cura di G. Lagomarsino, Elèuthera, Milano 2007.

Catania A., *Lo Stato moderno Sovranità e Giuridicità, Giappichelli*, Torino 1996.

Catania A., *Metamorfosi del diritto. Decisione e norma nell'età globale*, Laterza, Roma-Bari 2008.

Catania A., *Decisione e norma*, Castelvecchi, Roma 2022.

Chatterjee P., *Oltre la cittadinanza. La politica dei governati*, tr. it. a cura di M. Bortolini, Meltemi, Roma 2006.

Chicchi F., Lucarelli L., *Logiche dello sfruttamento. Oltre la dissoluzione del rapporto salariale*, Ombre Corte, Verona 2016.

Chicchi F., Simone A., *Il soggetto imprevisto, Neoliberalizzazione, pandemia e società della prestazione*, Milano, Meltemi 2022.

Chignola S., *Foucault oltre Foucault. Una politica della filosofia. Seminari*, DeriveApprodi, Bologna 2014.

Chignola S., *The Mole & the Snake*, in «Soft Power», 6, 1, 2018, pp. 54-76.

Crutzen P.J., *Benvenuti nell'antropocene*, tr. it. a cura di A. Parlangeli Mondadori, Milano 2005.

D'Andrea D., *Antropologia e sociologia del conflitto nel Leviatano di Hobbes*, in «Lo Sguardo», 3 (II), 2010.

D'Andrea D., *Max Weber cent'anni dopo*, in «Iride», 3, 2020, pp. 557-560.

D'Andrea D., *Max Weber. Un realismo politico anomalo*, in B. Henry, A. Loretoni, A. Pirni, M. Solinas (a cura di), *Filosofia politica*, Mondadori, Milano 2020. pp. 173-185.

D'Andrea D., *Il realismo politico come immagine del mondo e postura politica*, in «Politica&Società», 3/2021, pp. 325-354.

Davies W., *The limits of Neoliberalism. Authority, Sovereignity and the Logic of Competition*, SAGE, New York-London 2014.

De Genova N., *The Legal Production of Mexican/Migrant Illegality*, in «Latino Studies», 2, (2), 2004, pp. 160-185.

De Genova N., *"Look, an Illegal Alien!": the rethorics of migrant "Illegality" and the racialization of Mexicanness*, in «Quarterly Journal of Speech», 109 (1), 2023, pp. 91-93.

Deleuze G., *Poscritto sulle società del controllo*, in Id., *Pourparler*, tr. it. a cura di S. Verdicchio, Quodlibet, Macerata 2000.

Deleuze G., Guattari F., *Millepiani. Capitalismo e schizofrenia*, tr. it. di G. Passerone, Cooper-Castelvecchi, Roma 2003.

Della Porta D., Diani M., *Welfare e conflitti sociali*, in «Parolechiave», 2, 2020, pp. 101-110.

Descartes R., *Meditazioni metafisiche sulla filosofia prima*, tr. it. a cura di A. Tilgher, Laterza, Roma-Bari 1986.

Esposito R., *Immunitas. Protezione e negazione della vita*, Einaudi, Torino 2020.

Ferrarese M.R., *Diritto sconfinato. Inventiva giuridica e spazi nel mondo globale*, Laterza, Bari 2006.

Ferrarese M.R., *Prima lezione di diritto globale*, Laterza, Roma-Bari 2012.

Ferrarese M.R., *Sulla governance paragiudiziaria. Arbitrati e investimenti esteri*, in «Politica del diritto», 3, 2014, pp. 375-402.

Ferrajoli L., *Iura Paria, I fondamenti della democrazia costituzionale*, Editoriale Scientifica, Napoli 2015.

Ferri F., *L'Europa è una fortezza?*, in EuroNomade: http://www.euronomade.info/?p=7242.

Fioravanti M., *Stato e Costituzione. Materiali per una storia delle dottrine costituzionali*, Giappichelli, Torino 1993.

Foucault M., *Microfisica del potere. Interventi politici*, tr. it. a cura di G. Procacci, P. Pasquino, Einaudi, Torino 1977.

Foucault M., *Bisogna difendere la società*, tr. it. a cura di M. Bertani, A. Fontana, Feltrinelli, Milano 1998.

Foucault M., *Omnes et singulatim: Toward a Critique of Political Reason*, in Id., *Power: Essential Works of Michel Foucault 1954-1984*, vol. 3, The New Press, New York 2000, pp. 298-325.

Foucault M., *Sicurezza, territorio, popolazione, Corso al Collège de France (1977-1978)*, tr. it. a cura di P. Napoli, Milano 2005.

Foucault M., *La strategia dell'accerchiamento. Conversazioni e interventi 1975-1984*, tr. it. a cura di A. Inzerillo, A.L. Carbone, Dupeunti, Palermo 2009.

Foucault M., *L'archeologia del sapere. Una metodologia per la storia della cultura*, tr. it. a cura di G. Bogliolo, Rizzoli, Milano 2017.

Foucault M., *La volontà di sapere. Storia della sessualità 1*, tr. it. a cura di P. Pasquino, G. Procacci, Feltrinelli, Milano 2017.

Foucault M., *Nascita della biopolitica. Corso al Collège de France (1978-1979)*, trad. it. a cura di M. Bertani, V. Zini, Feltrinelli, Milano 2017.

Forsthoff E., *Stato di diritto in trasformazione*, a cura di C. Amirante, Giuffrè, Milano 1973.

Freedom House, *Democracy in Retreat*: https://freedomhouse.org/report/freedom-world/2019/democracy-retreat.

Freud S., *Osservazioni psicoanalitiche su un caso di paranoia (dementia paranoides) descritto autobiograficamente (Caso clinico del presidente Schreber) (1910)*, in Id., *Opere, vol. VI. Casi clinici e altri scritti (1909-1912)*, tr. it. a cura di C.L. Musatti, Bollati Boringhieri, Torino 1974.

Freud S., *L'Uomo dei lupi*, a cura di M. Ajazzi Mancini, Feltrinelli, Milano 2010.

Friedmann T.L., *Il mondo è piatto. Breve storia del ventunesimo secolo*, tr. it. a cura di A. Piccato, Mondadori, Milano 2006.

Fukuyama F., *La fine della storia e l'ultimo uomo*, tr. it. a cura di D. Ceni, Rizzoli, Milano 1992.

Fumagalli A., *Economia e politica del comune. Sfruttamento e sussunzione nel capitalismo bio-cognitivo*, Derive-Approdi, Roma 2017.

Gardner A.M., *City of Strangers. Gulf Migration and the Indian Community in Bahrain*, Cornell University Press, New York 2010.

Gatto M. (a cura di), *Marx e la critica del presente*, Rosenberg & Sellier, Torino 2020.

Gehlen A., *L'uomo. La sua natura e il suo posto nel mondo*, tr. it. a cura di C. Mainoldi, Feltrinelli, Milano 1983.

Gehlen A., *Prospettive antropologiche*, tr. it. a cura di S. Cremaschi, il Mulino, Bologna, 1987.

Gehlen A., *Antropologia filosofica e teoria dell'azione*, tr. it. a cura di E. Mazzarella, Guida Editori, Napoli 1990.

Giolo O., *Il diritto neoliberale*, Jovene, Napoli 2020.

Giordano V., *Le regole del corpo. Costruzioni teoriche e decisioni giudiziarie*, Giappichelli, Torino 2018.

Goffmann E., *Asylums. Le istituzioni totali: i meccanismi dell'esclusione e della violenza*, tr. it. a cura di F. Basaglia, Einaudi, Torino 2003.

Gotanda N., *La nostra costituzione è cieca rispetto al colore: una critica*, in K. Thomas, G. Zanetti (a cura di), *Legge, razza e diritti. La "Critical Race Theory" negli Stati Uniti*, Diabasis, Roma-Bari 2005, pp. 27-69.

Grossi P., *Ritorno al diritto*, Laterza, Roma-Bari 2015.

Hamilton C., *Define the Anthropocene in terms of the whole Earth*, in «Nature», 536, (251), 2016: https://www.nature.com/articles/536251a.

Haraway D., *Chtulucene. Sopravvivere su un pianeta infetto*, tr. it. a cura di C. Durastanti, C. Ciccioni, Nero, Roma 2019.

Hart H., *Il concetto di diritto*, tr. it. a cura di A. Cattaneo, Einaudi, Torino, 2002.

Herxheimer G., *Krankheitslhere der Gegenwart. Stromungen und Forschungen in der Pathologie seit 1914*, Steinkopff, Dreisden-Leipzig 1927.

Hobbes T., *Leviatano*, tr. it di G. Micheli, RCS, Milano 2011.

HRC, *Report of the Special Rapporteur on contemporary forms of slavery, including its causes and consequences*: https://www.ohchr.org/en/documents/country-reports/ahrc4244add1-visit-italy-report-special-rapporteur-contemporary-forms.

HRW, *Gaza: Israel's 'Open-Air Prison' at 15*: https://www.hrw.org/news/2022/06/14/gaza-israels-open-air-prison-15.

ICRC, *A conflict without borders continues out in the Sahel*: https://www.icrc.org/en/document/conflict-without-borders-continues-play-out-sahel.

ISPI, *Speciale Russia-Ucraina: 10 mappe per capire il conflitto*: https://www.ispionline.it/it/pubblicazione/speciale-russia-ucraina-10-mappe-capire-il-conflitto-33483.

Il fatto quotidiano, *Migranti, nave Open Arms: divieto di attracco nei porti italiani. Toninelli: "Disposto per motivi di ordine pubblico"*, in «Il fatto quotidiano», 29 giugno 2018: https://www.ilfattoquotidiano.it/2018/06/29/migranti-nave-open-armsdivieto-di-attracco-nei-porti-italiani-toninelli-disposto-per-motivi-di-ordine-pubblico/4461286/.

Kristeva J., *Stranieri a sé stessi*, tr. it. a cura di A. Serra, Feltrinelli, Milano 1990.

Kubiszewski I., Costanza R., Franco C., Lawn P., Talberth J., Jackson T., Alimer C., *Beyond GDP: Measuring and Achieving Global Genuine Progress*, in «Ecological Economics», 93, 2013, pp. 57-68.

Labriola G.M., *Nuovi spazi, nuovi diritti*, in Id. (a cura di), *Filosofia, politica, diritto. Studi in onore di Francesco M. De Sanctis*, Editoriale Scientifica, Napoli 2014, pp. 267-304.

Labriola G.M., *Muros y confines: una reflexión sobre el renacimiento de la idea de límite*, in «Soft Power Revista euro-americana de teoría e historia de la política», 5, 1, 2017, pp. 121-137.

Lefort C., *Le Travail de l'oeuvre: Machiavel*, Gallimard, Paris 1972.

Lefort C., *Permanence du théologico-politique?*, in «Les temps de la réflexion», 2, 1981, pp.13-60.

Lefort C., *La questione della democrazia*, in Id., *Saggi sul politico. XIX e XX secolo*, tr. it. a cura di B. Magni, il Ponte, Bologna 2007.

Le Guin U.K., *The Ones Who Walk Away from Omelas*, HarperCollins, Sidney 1975.

Leibniz G.W., *Monadologia*, tr. it. a cura di S. Cariati, Bompiani, Milano 2001.

Leonardi E., *Pour une critique politique de l'Anthropocène*, in «Contretemps», 2 febbraio 2022: https://www.contretemps.eu/critique-politique-anthropocene-justice-climatique-pandemie/.

Leonardi E., *The Anthropocene as a Regime of Visibility*, in «Ecological Turn», 5, 2022, pp. 32-55.

Leriche R., *La chirurgie de la douleur*, Masson, Paris 1937.

Lipovetsky G., *L'era del vuoto. Saggi sull'individualismo*, tr. it. a cura di P. Peroni, Luni, Milano 2013.

Lipovetsky G., *La fiera dell'autenticità*, tr. it. a cura di F. Peri, Marsilio, Venezia 2022.

Locke J., *Il secondo trattato sul governo*, tr. it. a cura di A. Gialluca, RCS, Milano 2010.

Luce S., *Fuori di sé. Poteri e soggettivazioni in Michel Foucault*, Mimesis, Milano-Udine 2009.

Lyotard J-F., *Il Dissidio*, tr. it. a cura di A. Serra, Feltrinelli, Milano 1985.

Lyotard J-F., *La condizione post-moderna. Rapporto sul sapere*, tr. it. a cura di C. Formenti, Feltrinelli, Milano 2015.

Macherey P., *Da Canguilhem a Foucault, La forza delle norme*, tr. it. a cura di P. Godani, ETS, Pisa 2011.
Machiavelli N., Tutte le opere, a cura di M. Martelli, Sansoni, Firenze 1971.
Mahan A.T., *The influence of Sea Power Upon History, 1660-1783*, Little, Brown & Co., Boston 1890.
Malinconico D., *L'incertezza democratica. Potere e conflitto in Claude Lefort*, La scuola di Pitagora, Napoli 2020.
Mancuso F., *Il doppio volto del diritto*, Giappichelli, Torino 2019.
Marchart O., *Post-Foundational Political Thought. Political Difference in Nancy, Lefort, Badiou and Laclau*, Edinburgh University Press, Edinburgh 2007.
Marramao G., *Dopo il Leviatano. Individuo e comunità*, Bollati Boringhieri, Torino 2013.
Marshall T.H., *Citizenship and social class, and other essays*, Cambridge University Press, Cambridge 1950.
Marx K., *Il capitale. Critica dell'economia politica I*, tr. it. a cura di R. Meyer, Newton Compton, Roma 1970.
Matteucci N., *Lo Stato moderno. Lessico e percorsi*, il Mulino, Bologna 1993.
McKinlay P.F., *Postmodernism and Democracy: Learning from Lyotard and Lefort*, The Journal of Politics, 60 (2), 1998, pp. 481-502.
Mellino M., *Cittadinanze postcoloniali. Appunti per una lettura postcoloniale delle migrazioni contemporanee*, in «Studi culturali», 2, 2009, pp. 285-300.
Merleau-Ponty M., *Il visibile e l'invisibile*, tr. it. a cura di A. Bonomi, Bompiani, Milano 2009.
Mezzadra S., *Terra e confini. Metamorfosi di un solco*, Manifestolibri, Roma 2016.
Mezzadra S., Neilson B., *Border as Method, or, the Moltiplication of Labor*, Duke University Press, Durham 2013.
Mezzadra S., Neilson B., *Confini e frontiere. La moltiplicazione del lavoro nel mondo globale*, tr. it a cura di G. Roggero, il Mulino, Bologna 2014.
Miller F.E., Fukuyama F., *Francis Fukuyama: Das Ende der Geschichte ist vertagt,* in «ZZamSonntag», 18 marzo 2017: https://magazin.nzz.ch /notizen/francis-fukuyama-ende-geschichte-ist-vertagt-ld.152130.
Moore J.W., *Antropocene o Capitalocene? Scenari di ecologia-mondo nell'era della crisi planetaria*, tr. it. a cura di A. Barbero, E. Leonardi, ombre corte, Verona 2017.
More T., *Utopia*, tr. it. a cura di L. Firpo, Guida, Napoli 2000.

Napoli P. (a cura di), *Les opérations du droit*, Seuil Gallimard, Paris 2011.

Nicoletti M., *Trascendenza e potere. La teologia politica di Carl Schmitt*, Morcelliana, Brescia 1990.

Nicoletti M., *Etica e responsabilità: un confronto tra Weber e Bonhoeffer*, in G.M. Chiodi, R. Gatti, V. Sorrentino (a cura di), *La filosofia politica di Weber*, Franco Angeli, Milano 2021, p. 145-156.

Nicoletti M., *Pandemia e diritti umani. Fra tutele ed emergenza*, Donzelli, Roma 2021.

Nunes R., *Neither vertical nor Horizontal. A theory of political Organization*, Verso, New York 2021.

Ong A., *Neoliberalismo come eccezione. Cittadinanza e sovranità in mutazione*, tr. it. a cura di M. Spanò, Volo, Firenze-Lucca 2013.

Ost F., Van De Kerchove M., *De la pyramide au réseau? Pour une théorie dialectique du droit*, Facultés Universitaires Saint Louis, Bruxelles 2002.

Ostrom, E., *Governing the Commons: The Evolution of Institutions for Collective Action*, Cambridge University Press, Cambridge 1990.

Ostrom, E., *A Behavioral Approach to the Rational Choice Theory of Collective Action: Presidential Address, American Political Science Association, 1997*, in «The American Political Science Review», 92, (1), 1998, pp. 1-22.

Ostrom, E., *Understanding Institutional Diversity*, Princeton University Press, Princeton 2005.

Palano D., *Fino alla fine del mondo. Saggi sul 'politico' nella rivoluzione spaziale contemporanea*, Liguori, Napoli 2010.

Palano D., *Bubble Democracy. La fine del pubblico e la nuova polarizzazione*, Morcelliana, Brescia 2020.

Perrotta D., *7 Gennaio 2010: la rivolta di Rosarno*, in «il Mulino»: https://www.rivistailmulino.it/a/7-gennaio-2010.

Poggi G., *La vicenda dello stato moderno. Profilo sociologico*, il Mulino, Bologna 1978.

Preterossi G., *Ciò che resta della democrazia*, Laterza, Roma-Bari 2015.

Prosperi A., *Storia moderna e contemporanea I. Dalla peste nera alla guerra dei Trent'anni*, Einaudi, Torino 2000.

Provasi G., *Dai trenta gloriosi all'affermazione del neoliberalismo: forme di integrazione e grandi trasformazioni*, in «Stato e mercato», 2, 2019, pp. 175-212.

Raimondi F., Basso L., Visentin S. (a cura di), *Marx: la produzione del soggetto*, Deriveapprodi, Bologna 2018.

Rancière J., *Il disaccordo*, tr. it. a cura di B. Magni, Meltemi, Milano 2007.

Rapone V., *Totalità e democrazia: la costruzione del moi commun in Rousseau*, in A. Argenio (a cura di), *Totalità e democrazia*, Editoriale scientifica, Napoli 2012.

Regazzoni S., *Iperomanzo. Filosofia come narrazione complessa*, il melangolo, Genova 2018.

Romano S., *Lo stato moderno e la sua crisi. Discorso inaugurale per l'anno accademico 1909-1910*, Vannucci, Pisa 1910.

Ronchi V., Farinelli F., *Nascita di una nazione?*, in «Equilibri», 3, 2011, pp. 533-540.

Rose N., *The politics of itself. Biomedicine, Power and Subjectivity in the Twenty-First Century*, Princeton University Press, Princeton-Oxford 2007.

Rosenau J.N., *Governance, Order, and Chang in World Politics*, in J.N. Rosenau, E.O. Czempiel (a cura di), *Governance without government: Order and Change in World Politics*, Cambridge University Press, Cambridge 1992.

Rosière S., Jones R., *Teichopolitics: Re-considering Globalisation Through the Role of Walls and Fences*, in «Geopolitics», 17, 2012, pp. 217-234.

Rotelli E., Schiera P., *Lo stato moderno*, il Mulino, Bologna 1971.

Rousseau J.J., *Il contratto sociale*, tr. it. a cura di R. Gatti, RCS, Milano 2010.

Sassen S., *Territorio, autorità, diritti. Assemblaggi dal medioevo all'età globale*, tr. it. a cura di N. Malinverni, G. Barile, Mondadori, Milano 2008.

Sassen S., *Le città nell'economia globale*, tr. it. a cura di N. Negro, il Mulino, Bologna 2010.

Sassen S., *Espulsioni*, tr. it. a cura di N. Negro, il Mulino, Bologna 2015.

Schmitt C., *Le categorie del "politico"*, tr. it. a cura di G. Miglio, P. Schiera, il Mulino, Bologna, 1972.

Schmitt C., *Il Nomos della Terra nel diritto internazionale dello «Jus publicum europeaum»*, tr. it. a cura di E. Castrucci, Adelphi, Milano 1991.

Semi G., *S. Sassen, Espulsioni. Brutalità e complessità nell'economia globale*, 2015, in «Rassegna Italiana di Sociologia», 1/2017, pp. 186-187.

Senellart M., *Michel Foucault: Governamentalità e ragion di Stato*, tr. it. a cura di G. Gentile, in «Ars Rosa», 25 novembre 2020: https://www.ragionidistato.it/2020/11/25/michel-foucault-governamentalita-e-ragion-di-stato/.

Shakespeare W., *Macbeth*, Cambridge University, Cambridge 1997.

Simondon G., *L'individuazione psichica e collettiva*, tr. it. a cura di P. Virno, DeriveApprodi, Roma 2001.

Simondon G., *L'individuazione alla luce delle nozioni di forma e d'informazione*, tr. it. a cura di G. Carrozzini, Mimesis, Milano-Udine 2011.

Slaughter A., *A New World Order*, Princeton University Press, Princeton 2004.

Spinoza B., *Etica*, tr. it. a cura di S. Giametta, Bollati, Torino 1959.

Stone Sweet A., *Judicialization and the Construction of Governance*, in M. Shapiro, A. Stone Sweet, *On Law, Politics, and Judicialization*, Oxford University Press, Oxford 2002.

Tamanaha B.Z., *On the rule of law. History. Politics. Theory*, Cambridge University Press, New York 2004.

Thomas Y., *Il valore delle cose*, a cura di M. Spanò, Quodlibet, Macerata 2015.

Thomas Y., *Fictio legis*, tr. it. a cura di G. Lucchesini, Quodlibet, Macerata 2016.

Thomas Y., Chiffoleau J, *L'istituzione della natura*, tr. it. a cura di G. Lucchesini, D. Pettinicchio, Quodlibet, Macerata 2020.

Treccani, *Barocco*: https://www.treccani.it/enciclopedia/baroco_%28Dizionario-di-filosofia%29/.

Tucci A., *Immagini del diritto. Tra fattualità istituzionalistica e agency*, Giappichelli, Torino 2012.

Tucci A., *Crossing the borders of governance*, in «Soft Power», 1, 2014, pp. 59-72.

Tucci A., *Dispositivi normativi della governance*, in L. Bazzicalupo, S. Vaccaro (a cura di), *Vita politica, contingenza*, Quodlibet, Macerata 2016.

Vaccaro S. (a cura di), *Il secolo deleuziano*, Mimesis, Milano 1997.

Vaccaro S., *Anarchist studies. Una critica degli assiomi culturali*, elèuthera, Milano 2016.

Wired, *Sul Migrante sindacalista ucciso a fucilate nell'Italia del caporalato*, 4 giugno 2018: https://www.wired.it/attualita/politica/2018/06/04/soumaila-sacko-la-pacchia-finita-sempre/?refresh_ce=.

Wittgenstein L., *Ricerche filosofiche*, tr. it. a cura di R. Piovesan, M. Trinchero, Einaudi, Torino 2009.
Wolfensohn J.D., *The Comprehensive development framework*: https://documents1.worldbank.org/curated/en/208631583185352783/pdf/The comprehensive-development-framework.pdf.

Žižek S., *Il soggetto scabroso*, tr. it. a cura di L. Chiesa, Raffaello Cortina, Milano 2003.

Indice dei nomi

A

Abbot K. W., 43n
ACLED, 49n, 50n
Agamben G., 98-101 e n, 124n
Alagna L.M., 137n
Alimer C., 82n
Apter E., 104 e n
Arendt H., 4 e n, 119 e n, 133 e n, 139n
Arienzo A., 43n
Arrighi G., 76n
Atwood M., 3 e n

B

Baccelli L., 57n
Balibar E., 38n
Bascetta, M. 51n
Basso L., 85n, 88n
Bauman Z., 116n
Bazzicalupo L., 35n, 98n, 112n, 114 e n, 138n
Beck U., 19n
Berlin I., 36 e n
Bevir M., 43n
Bobbio N., 36 e n,
Borghi V., 77n
Bourdieu P., 18n, 47, 48n
Brindisi G., 92n
Brown W., 20 e n, 28n, 64-71 e n

C

Camilli A., 102n
Campanella T., 3 e n
Canguilhem G., 92-93 e n, 94n,
Cascione G., 33n
Castoriadis C., 18n,
Catania A., 28n, 29n, 34n, 38n, 62n, 102n, 118 e n
Chatterjee P., 86 e n
Chicchi F., 88n, 127n
Chignola S., 25n, 97n
Costanza R., 82n
Crutzen P.J., 1n

D

D'Andrea D., 26n, 38n, 57n
Davies W., 115n
De Genova N., 127n
Deleuze G., 9 e n, 25 e n, 142, 146 e n, 147n
Della Porta D., 81n
Descartes R., 15n, 16,
Diani M., 81n

E

Esposito R., 22n

F

Farinelli F., 74n
Ferrarese M. R., 32n, 40n, 42n, 43n, 45n, 111
Ferrajoli L., 39 e n
Ferri F., 2n
Fioravanti M., 26n
Foucault M., 8, 10 e n, 31n, 33n, 34n, 85 e n, 87n, 90-92 e n, 94-

98 e n, 101, 112, 113n, 119 e n, 128, 132 e n, 134, 139
Forsthoff E., 38n
Franco C., 82n
Freud S., 138n, 146n, 147n
Friedmann T. L., 44 e n
Fukuyama F., 109n
Fumagalli A., 117n

G

Galli C., 27n, 28n,
Gardner A. M., 132-133 e n
Gatto M., 85n
Gehlen A., 16n, 20-21 e n, 23, 28n
Giolo O., 115n
Giordano V., 104n
Goffmann E., 96n
Gotanda N., 110n
Grossi P., 39n

H

Hamilton C., 1n
Haraway D., 1n
Hart H., 55, 117, 118n
Herxheimer G., 93 e n
Hobbes T., 14, 16-27 e n, 28n, 29, 30, 31, 34, 54, 65, 70n, 96, 98, 100, 101
HRC, 126n
HRW, 2 e n

I

ICRC, 50n
ISPI, 2n

J

Jackson T., 82n
Jones R., 71n

K

Kristeva J., 107n
Kubiszewski I., 82n

L

Labriola G. M., 4n
Lawn P., 82n
Lefort C., 55-56 e n, 57n, 58, 60-62, 137n
Le Guin U.K., 3 e n
Leibniz G. W., 15n, 141n
Leonardi E., 1n
Leriche R., 93 e n
Lipovetsky G. 52 e n
Locke J., 34, 35n
Lucarelli L., 127n
Luce S., 97n
Lyotard J-F., 53-54 e n, 55n

M

Macherey P., 92n
Machiavelli N., 56-60 e n
Mahan A. T., 104n
Malinconico D., 55n, 61n
Mancuso F., 21n
Marchart O., 55n, 56n, 60 e n
Marramao G., 34n
Marshall T. H., 8n
Marx K., 85 e n, 88 e n
Matteucci N., 26n
McKinley P. F., 55n
Mellino M., 83n
Merleau-Ponty M., 137n
Mezzadra S., 86 e n, 88, 101n, 103n, 104n, 123n, 124n, 127n, 135
Miller F., 109n
Moore J. W., 1 e n
More T., 3 e n

N

Napoli P., 72n
Neilson B., 86 e n, 88, 101n, 102n, 103n, 104n, 123n, 124n, 135
Nicoletti M., 38n, 66n
Nunes R., 11, 12n, 68n, 135n, 139, 140 e n, 141-143 e n, 145 e n, 146n, 148 e n

O

Ong A., 10 e n, 11n, 120-121 e n, 123, 124n, 128-129 e n, 130 e n, 131n
Ost F., 44n
Ostrom E., 117n

P

Palano D., 14n, 77n
Perrotta D., 126n
Poggi G., 26n
Preterossi G., 51n
Prosperi A., 14n
Provasi G., 115n

R

Raimondi F., 85n
Rancière J., 140n
Rapone V., 35n
Regazzoni S., 17n
Romano S., 37n
Ronchi V., 74n
Rose N., 94 e n
Rosenau J.N., 111 e n, 141
Rosière S., 71n
Rotelli E., 26n,
Rousseau J.J., 27, 35n

S

Sassen S., 7 e n, 33n, 41 e n, 72-79 e n, 81-83 e n
Schiera P., 26n
Schmitt C., 14 e n, 32 e n, 63n, 65, 66 e n, 67, 91n, 99 e n, 100n, 101n
Semi G., 83n
Senellart M., 31n
Shakespeare W., 15n
Silver B., 76n
Simone A., 88n
Simondon G., 142, 143n
Slaughter A., 43 e n, 46, 47 e n
Snidal D., 43n
Spinoza B., 68n, 142n
Stone Sweet A., 44 e n

T

Talberth J., 82n
Tamanaha B. Z., 36 e n
Thomas Y., 63n, 72n
Tucci A., 29n, 101n, 134n

V

Vaccaro S., 24n, 25n
van De Kerchove M., 44n
Visentin S., 85n

W

Wolfensohn J. D., 41n

Z

Žižek S., 138n

Finito di stampare nel mese di dicembre 2023
nella Stampatre s.r.l. di Torino – Via Bologna, 220